Iceland

冰島浪人日記

你也有個冰島夢嗎？

2015 年寒冬剛過，伴隨著萌芽的春意，我踏上了一段冒險旅程，機票是通往冰島的入場券，當我決定要出發時，離預計出發的日期剩下一個半月，當我在研究行程時，短短兩星期機票竟然漲了近 10000 台幣，接著還要找住宿、租車、找夥伴。正當問題一個一個解決，新問題卻一個一個冒出，最嚴重的竟然是出發前掉了護照。在倫敦轉機時，更因為天候因素班機延誤了 7 個小時，終於抵達了冰島後，領行李時才被通知所有行李都還在倫敦。本書會把遇到的所有狀況，從訂購機票、預約住宿、租車、保險、退稅等等，每一個我遇上的難關和解決方式提供給大家做參考，希望幫助想去的人克服恐懼，勇往直前，踏上那夢想中的土地！

走出去，世界就在你眼前！

有一句話說“走不出去，眼前就是你的世界；走出去，世界就在你眼前”。和很多人都一樣，我是個熱愛旅行的人，體內留著浪人的血液，喜歡擁抱不同的文化，探索這個世界。旅行，讓我擁有了許多原本不屬於自己的價值觀，也使我更獨當一面，並且學會尊重。比起參與旅行團，我更愛自己規劃旅程，甚至走上沒有計畫的道路，享受旅途上的意外，而往往最精彩的就是那些不期而遇的安排。

冰島，是我夢想中的行程，隨著時間過去，即使造訪過許多國家，截至即將迎接2015年的春天，我仍沒有下定決心前往那夢想中的國度。花費距離、或者對環境極度的不熟悉，都是我搪塞自己不前進的理由。我問自己：「十年後，有什麼事沒做未來會後悔？」，那個未來的自己對我說：「現在不出發一定會後悔！」

於是我開始跑遍各大書店尋找冰島的旅遊書，但我發現竟然少有真正屬於冰島的旅遊書，於是我只好求助 Google 大神和背包客棧。慢慢從網路上搜集資訊，一步一步地拼湊出自己的旅程。最後花足了我一個月的時間做行前準備。訂機票、訂房、訂車以及規劃路線，要完成一趟冰島環島還真不容易；住宿點的安排，每天車該開多遠，有太多的細節在準備過程中。就當以為一切都準備好了，意外和難關卻像分身的程咬金，一個個地殺出來。因此我希望將這次自駕環島的經驗分享給想要或即將準備出發的朋友們，讓夢想離我們近一些，並且知道面對意外時可能解決的辦法，也希望未來有更多去過冰島的朋友跟我分享你們的經驗，而我也將再次造訪！

作者簡介

Nick

現居上海，台灣科技大學畢業，目前從事 IT 產業，熱愛旅行與記錄，擁有中華民國外語導遊、領隊合格證照，旅行足跡踏遍超過 10 個國家，喜歡用流浪的方式環遊世界，用心體會，享受文化衝擊。

聯繫方式：nicklanding@163.com

Facebook：冰島浪人日記

Iceland

冰島浪人日記

第一章
果決的第一步

1.1 行程表

日期	行程	景點	住宿
10 MAR	倫敦 ↓ 雷克雅未克	1. 大笨鐘 2. 西敏寺周邊 3. 倫敦塔橋	Raga's home Suðurgata （市區）
11 MAR	雷克雅未克 市區一日遊	1. Tjornin Lake 托寧湖 2. Hallgrimskirkja 哈爾格林姆教堂 3. The Sun Voyager 維京船雕塑 4. Harpa 音樂廳 5. Bæjarins Beztu Pylsur 熱狗攤 6. Blue Lagoon 藍湖	Raga's home Suðurgata （市區）
12 MAR	雷克雅未克 ↓ 塞爾福斯	1. 寄明信片 2. 迎接夥伴 3. 粉紅豬採購	Bjarney Guesthouse N63.93, W20.99
13 MAR	金圈之旅 冰島南部	1. Gullfoss 黃金瀑布 2. Geysir 間歇泉 3. 冰島馬農場 4. Seljalandsfoss 瀑布 5. Skogarfoss 瀑布 6. Walter Mitty Surfing 7. Vik 最南方的小鎮	Horgsland Guesthouse N63.84,W17.95
14 MAR	冰島東南部	1. Skaftafell 國家公園冰河攀爬 2. Jökulsárlón 冰河湖 3. Hofn 霍芬鎮	Hoffell Guesthouse N64.39,W15.33
15 MAR	冰島東部	1. Djupivogur 小鎮（金字塔山） 2. Egilsstaðir 3. Seyðisfjörður 峽灣小鎮	Olgu Guesthouse N65.26,W14.39

16 MAR	冰島北部	1. 地熱谷 Namafjall Hverir 2. 米湖 Mývatn 3. 火山口 Hverfjall 4. 洞穴 Grjotagja 5. 上帝瀑布 Goðafoss 6. 阿庫雷利 Akureyri	Dimmuborgir Guesthouse N65.60,W16.92 Vogahraun Guesthouse N65.62,W16.91
17 MAR	冰島西部	極光之夜	Fossatún Guesthouse N64.59,W21
18 MAR	西部半島	1. 海岸的巨人 Bárðar Saga Snæfellsáss statue 2. 潛入地心 Vatnshellir Cave 3. 火山口 Saxhóll 4. 教堂山 Kirkjufell 5. 羊毛紡織工廠	Sudur-Bár Guesthouse
19 MAR	雷克雅未克	1. Pelan 珍珠樓 2. 市區漫步	Sport Hostel Reykjavík （市區）
20 MAR	雷克雅未克 ↓ 倫敦	1. Kings Cross 2. 福爾摩斯的家	London

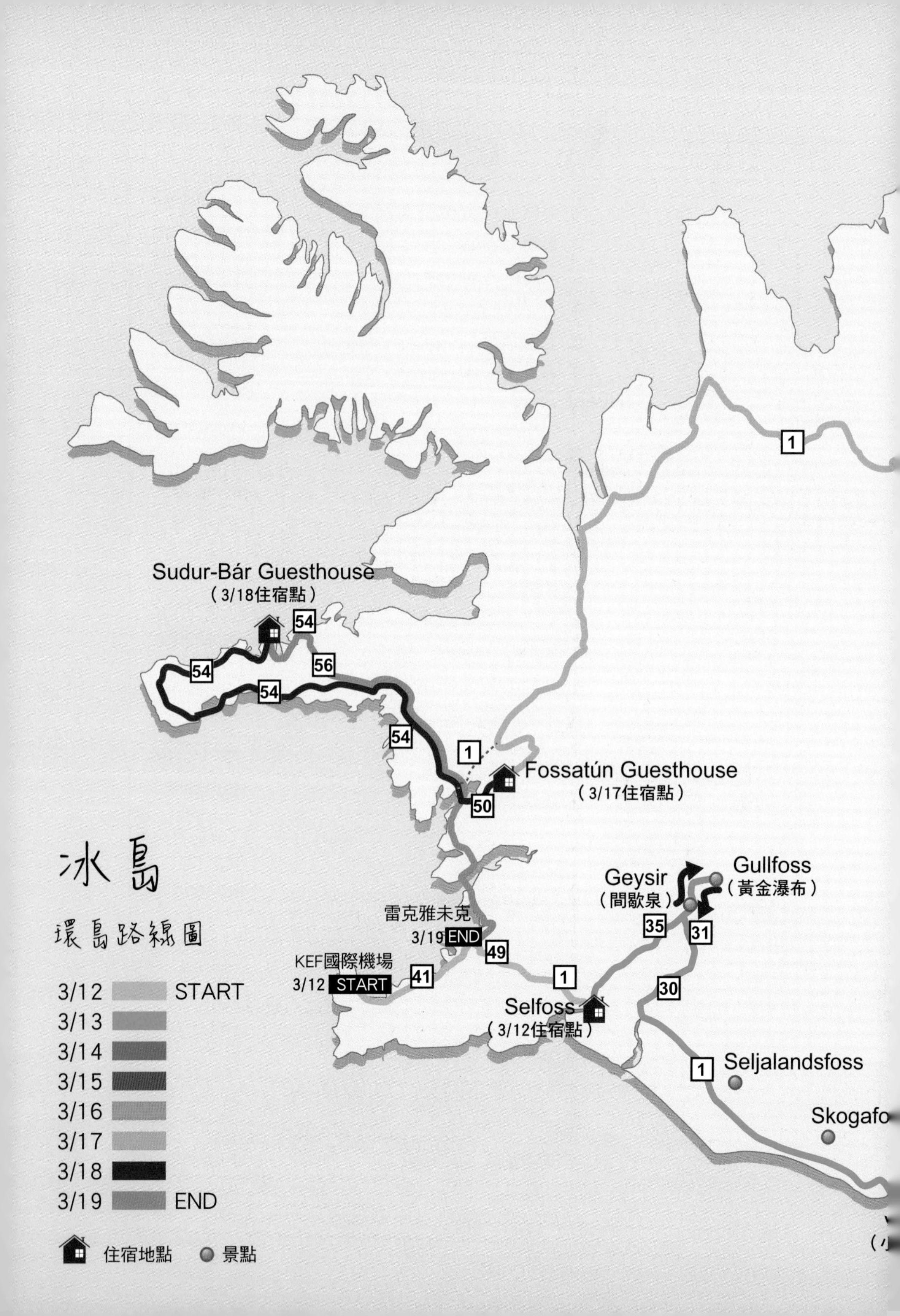
Sudur-Bár Guesthouse
（3/18住宿點）
54
54
56
54
54
1
Fossatún Guesthouse
（3/17住宿點）
50
冰島
環島路線圖
Geysir
（間歇泉）
Gullfoss
（黃金瀑布）
35
31
雷克雅未克
3/19 END
49
KEF國際機場
3/12 START
41
1
30
Selfoss
（3/12住宿點）
1
Seljalandsfoss
Skogafo
1
3/12 START
3/13
3/14
3/15
3/16
3/17
3/18
3/19 END
住宿地點
景點

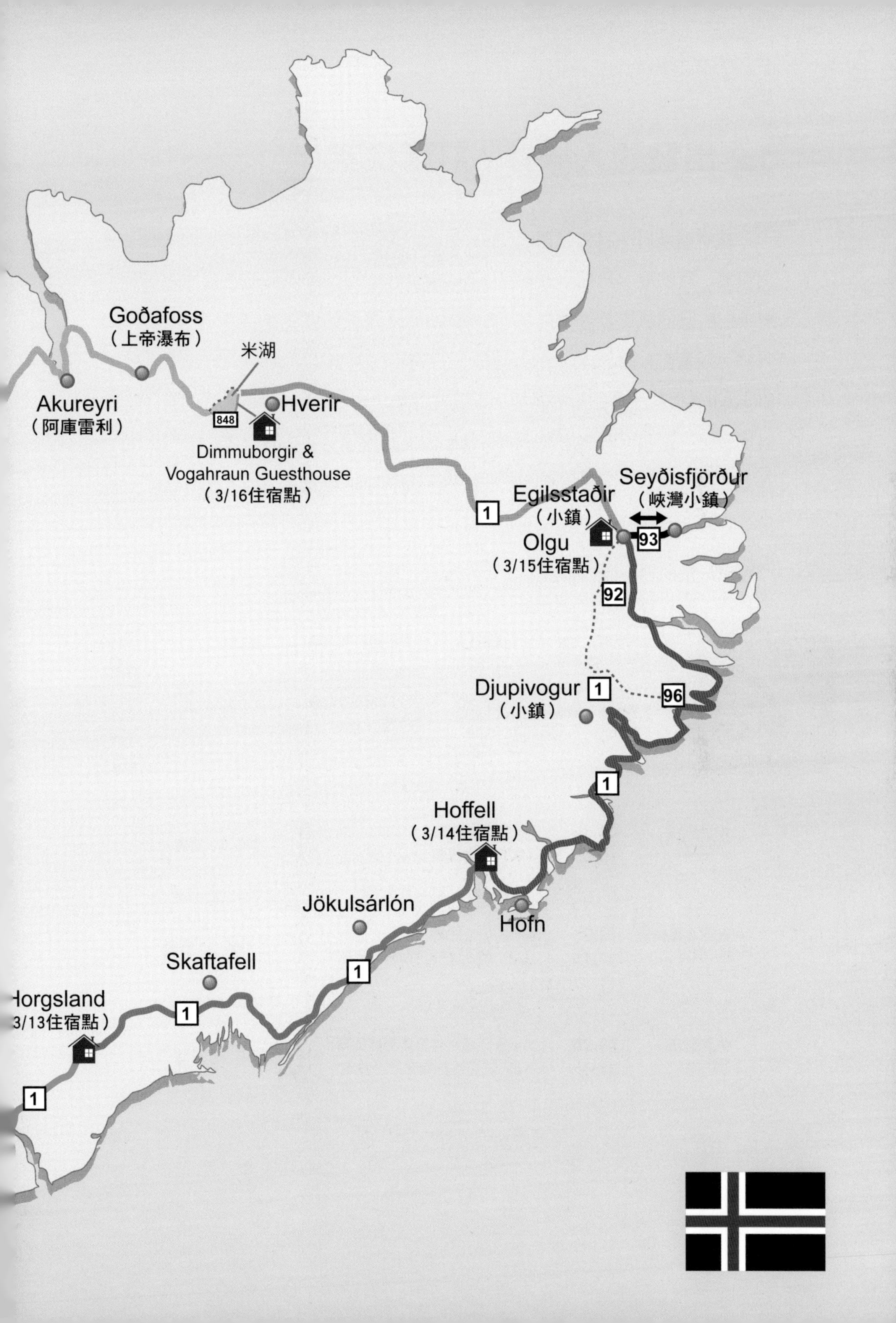
Goðafoss
（上帝瀑布）
米湖
Akureyri
（阿庫雷利）
848
Hverir
Dimmuborgir &
Vogahraun Guesthouse
（3/16住宿點）
1
Egilsstaðir
（小鎮）
Seyðisfjörður
（峽灣小鎮）
93
Olgu
（3/15住宿點）
92
Djupivogur
1
（小鎮）
96
1
Hoffell
（3/14住宿點）
Jökulsárlón
Hofn
Skaftafell
1
1
1
1

1.2 出發的入場券 / 訂購機票

搜尋機票時，首先推薦“Skyscanner 全球旅遊搜尋引擎”，只要設定好出發地、目的地、日期、人數後，Skyscanner 可以篩選各航空公司的航班，將不同航空的航班依條件排序，Skyscanner 提供的資訊非常仔細，從網頁上我們可以看到航空公司、飛行時間、轉機點、價格或是更詳細的資訊。另外 Skyscanner 有一項貼心的功能，只要註冊後，Skyscanner 每天可以幫你追蹤機票價格，寄到註冊的信箱，隨時掌握價格的變動。假如有優惠的機票出現，馬上就可以連結到下單的頁面完成訂購。隨著不同的航空公司、轉機時間、總飛行時間、改班機的彈性度、或是其他附帶條件，總總因素都會影響到機票的價格，在付款前千萬要再三看仔細。

中華航空 CI903	08:15 10:05	TPE 台北桃園 HKG 香港國際	1 小時 50 分鐘
		機場轉機	2 小時 30 分鐘
荷蘭皇家航空 KL888	12:35 18:45	HKG 香港國際 AMS 阿姆斯特丹斯希普霍爾	12 小時 10 分鐘
		機場轉機 長時間等待	3 小時 40 分鐘
冰島航空 FI505	22:25 23:30	AMS 阿姆斯特丹斯希普霍爾 KEF 瑞奇雅維克凱福拉維克	3 小時 05 分鐘

● skyscanner 搜尋截圖

前往冰島的航線

大部分從台灣前往冰島的航線都要轉機2次，只轉1次的轉機點分別有中華航空的法蘭克福、長榮航空的倫敦以及荷蘭航空的阿姆斯特丹，但班機的價格大約可以買2張轉機2次的機票，於是我選擇了轉機2次的航班，下面是我研究出可能出行的航線。

❶台北 → 香港 → 倫敦 → 冰島

❷台北 → 吉隆坡 → 倫敦 → 冰島

❸台北 → 曼谷 → 倫敦 → 冰島

❹台北 → 香港 → 赫爾辛基 → 冰島

❺台北 → 東京 → 哥本哈根 → 冰島

❻台北 → 北京 → 哥本哈根 → 冰島

❼台北 → 曼谷 → 哥本哈根 → 冰島

2015年1月27日，我透過Skyscanner 的查詢，最便宜的機票約是42,000元新台幣。就在我查詢航線的同時，5天過去了，2月1日的清晨，手機傳來Skyscanner 的震動訊息，機票漲幅12%，最便宜的機票上升到47,000元新台幣！當我抱著是否會再降價的期待，又過了兩天，2月3日機票價格已經來到51,000元新台幣，憑空就增加了9,000元的預算…

二段式機票

就在我猶豫的當下，旅行預算被動地增加了近一萬元，於是我開始尋找是否有其他飛行方式。其中找到有網友分享曾經分別買兩張機票的經驗，第一段先入境到英國，第二段再從英國飛往到冰島，經過試算過後，確實飛往倫敦希斯洛機場（LHR）再轉往冰島凱夫拉維克機場（KEF）的價格是最經濟的方式。

就在我以為找到了省錢的方式，卻發現自己忽略了一件事：行李！因為是兩張機票，行李無法直接掛送到冰島，所以必須提行李在英國入境，再從希斯洛機場的第三航厦走到第一行廈的冰島航空，重新Check in 並且再辦理一次出境。兩段式機票有一定的風險，假如第一段的班機延誤、或是入境遇到海關刁難，又或是行李延誤，這時候如果轉機時間留得太短，很容易錯過第二段班機。

最後，我決定採取降低風險的作法，在倫敦過上一夜。這個決定非常重要，因為後來發生掉護照的蠢事，在倫敦過夜的這個決定讓我不至於影響到所有行程。

確定好日期後，這次我沒有任何猶豫的訂下國泰航空台北飛往倫敦的班機，以及冰島航空從倫敦前往冰島的班機。這兩張機票分別直接在兩家航空公司網站上訂購，兩張機票總和含稅價43,000元新台幣。確認了機票後，心情才終於放鬆下來。

Travel details

Date	Flight	Operators	Set off	Arrival	Stopovers	Flight Time	Mode ls	The cabin set
March 9, 2015	CX465	Cathay Pacific	TPE 07:05	HKG 08:50	0	16:10	773	Economy (Q)
March 9, 2015	CX257	Cathay Pacific	HKG 09:50	LHR 15:15	0		77W	Economy (Q)
March 21, 2015	CX238	Cathay Pacific	LHR 17:15	HKG 12:50 +1	0	14:55	77W	Economy (N)
March 22, 2015	CX420	Cathay Pacific	HKG 14:35	TPE 16:10	0		333	Economy (N)

● 去返英國的國泰航班

ELECTRONIC TICKET
PASSENGER ITINERARY RECEIPT

Flight	From	To	Date	Class	Terminal	Dep Time	Arr Time	Seat	NVB	NVA	Status	Baggage
FI451	LHR	KEF	10MAR	O	1	13:00	16:00	13F			OK	1 piece
FI454	KEF	LHR	20MAR	O		16:30	19:30	11F	15MAR		OK	1 piece

● 英國去返冰島的冰島航空航班

台灣有少數旅行社可以代訂冰島航空的機票，價格大約是自己從冰島航空官網訂購的 1.8 ～ 2.5 倍， 所以建議大家可以研究一下，直接從冰島航空的網站訂購唷。訂購完成後，冰島航空會寄發電子機票到預先所填寫的電子信箱，屆時憑護照及電子機票就可以順利上飛機。

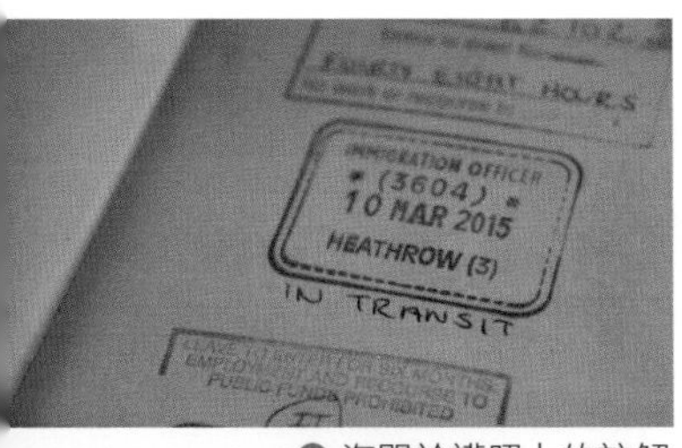

● 海關於護照上的註解

另外在入境英國時，會需要填寫入境資料卡，當海關問入境英國的目的時，只要回答旅行以及在英國入境的時間，並在什麼時候將搭上前往冰島的班機（最好帶著電子機票供海關確認），這時海關會在護照上寫上“IN TRANSIT”，然後就能順利入境了。

Border Force

LANDING CARD
Immigration Act 1971

Please complete clearly in English and BLOCK CAPITALS
Veuillez répondre en anglais et EN LETTRES MAJUSCULES
Por favor completar escribiendo con claridad en inglés y en MAYÚSCULAS

Family name / Nom / Apellidos ❶

First name(s) / Prénom / Nombre ❷

Sex / Sexe / Sexo ❸ ☐ M ☐ F

Date of birth / Date de naissance / Fecha de Nacimiento D D M M Y Y Y Y ❹

Town and country of birth / Ville et pays de naissance / Ciudad y país de nacimiento ❺

Nationality / Nationalité / Nacionalidad ❻

Occupation / Profession / Profesión ❼

Contact address in the UK (in full) / Adresse (complète) au Royaume-Uni / Dirección de contacto en el Reino Unido (completa) ❽

Passport no. / Numéro de passeport / Número de pasaporte ❾

Place of issue / Lieu de déliverance / Lugar de emisión ❿

Length of stay in the UK / Durée du séjour au Royaume-Uni / Duración de su estancia en el Reino Unido ⓫

Port of last departure / Dernier lieu de départ / Último punto de partida ⓬

Arrival flight/train number/ship name / Numéro de vol/numéro de train/nom du navire d'arrivée / Número de vuelo/número de tren/nombre del barco/de llegada ⓭

Signature / Signature / Firma ⓮

IF YOU BREAK UK LAWS YOU COULD FACE IMPRISONMENT AND REMOVAL
SI VOUS ENFREIGNEZ LES LOIS BRITANNIQUES, VOUS VOUS EXPOSEZ À UNE PEINE D'EMPRISONNEMENT ET LA DÉPORTATION
SI INFRINGE LAS LEYES DEL REINO UNIDO PUEDE TENER QUE AFRONTAR ENCARCELAMIENTO Y ALEJAMIENTO

CAT	-16	CODE	NAT	POL

For official use / A usage officiel / Para uso oficial

● 英國入境卡

英國入境卡：

❶名字（羅馬拼音）

❷姓氏（羅馬拼音）

❸性別

❹生日（Day/Month/Year）

❺出生地

❻國籍

❼職業

❽在英國的住宿地

❾護照號碼

❿發行地

⓫滯留英國的時間

⓬上一個離境的機場

⓭搭乘的航班

⓮簽名（與護照上同）

1.3 最重要的小事 / 旅遊保險

保險的用途我相信大家都清楚，我們都不想在旅行時遇上意外或疾病。但是在旅行時，許多狀況不是自己能夠掌握的，與其留下早知道的眼淚，不如讓自己多一份保障。旅途上充滿未知的驚喜，但也存在未知的風險，也許平常大家前往香港、日本等鄰近的國家沒有保險的習慣；不過當你選擇冰島，保險絕對是不可缺少的。

最常見的旅遊保險就是“旅遊平安險”及“旅遊不便險”。一般若用信用卡刷機票都會送這兩項保險。保險的內容通常都可以在信用卡公司的網站上查到詳細的資訊。前往冰島這種氣候多變的國家時，“旅遊不便險”就顯得相當重要。在冬天很容易遇上冰雪、暴風、火山噴發等原因造成班機延誤、行李延誤、行李遺失等等問題，都會嚴重影響到原先的行程。所以在保險辦理的同時，多注意保險的條件和金額，多花點時間看清楚內容才能保障自己的權益。然後很幸運地，「班機延誤」和「行李延誤」都讓我遇上了…

班機延誤

三月十日的早晨，我前往希斯洛機場第一航廈，準備搭乘冰島航空FI 451下午一點的班機前往冰島。當我在Check in 的時候，地勤人員告訴我，因為氣候惡劣，我們的班機將延誤七個小時，在20:00重新起飛。

此時，航空公司發給每人15 英鎊的餐券，請所有乘客耐心等候。這時候我拿出事先列印好的保險文件，旅遊不便險中的班機延誤，以我的保險為例，當班機延誤4小時以上，我可以將這段時間內所購買的食、衣、住、行等生活必需品的收據留下，並有兩萬元額度可以在回國後向保險公司申請實報實銷，申請時要備妥登機證以及向航空公司申請的班機延誤證明。

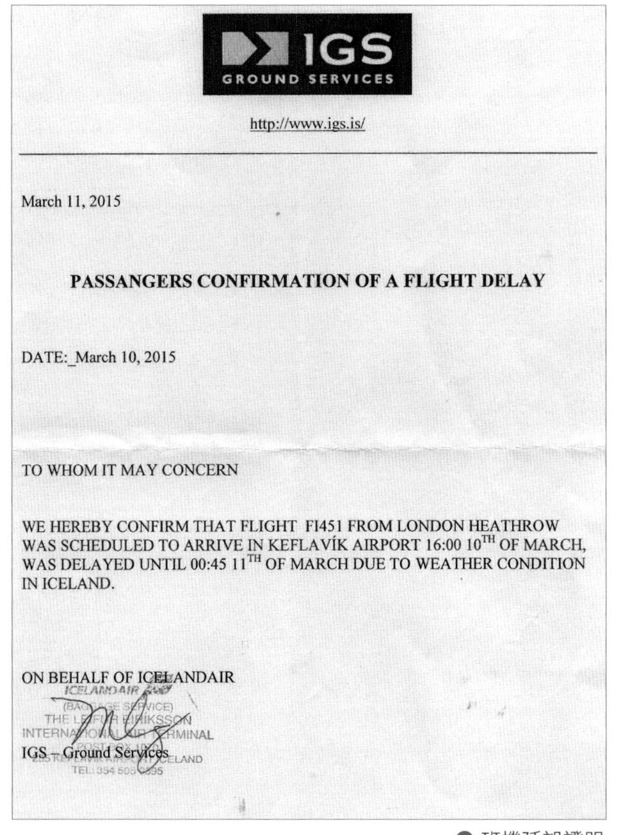
IGS
GROUND SERVICES

http://www.igs.is/

March 11, 2015

PASSANGERS CONFIRMATION OF A FLIGHT DELAY

DATE:_March 10, 2015

TO WHOM IT MAY CONCERN

WE HEREBY CONFIRM THAT FLIGHT FI451 FROM LONDON HEATHROW WAS SCHEDULED TO ARRIVE IN KEFLAVÍK AIRPORT 16:00 10TH OF MARCH, WAS DELAYED UNTIL 00:45 11TH OF MARCH DUE TO WEATHER CONDITION IN ICELAND.

ON BEHALF OF ICELANDAIR

IGS – Ground Services

● 班機延誤證明

● 填寫行李託運單的人們

行李延誤

3月11日，來到冰島已經是午夜，平安降落在凱夫拉維克機場（KEF），我的心情總算放鬆下來。海關人員看見疲憊的我們，快速地讓大家一個一個通關。我們往行李轉盤走去，大家在圍繞著等待，卻遲遲等不到任何一件行李出現。此時地勤的人員才向我們呼喊，行李還在倫敦，並沒有與我們的班機一起飛過來，真是…太幸運了！

地勤人員開始請我們填寫行李運送單，寫上我們住宿的地點（提醒：請隨身帶上紙本的住宿資料）、班機航班、行李特徵（大約的顏色尺寸）、件數及登機證上的託運編號、聯絡電話、Email，他們預計一天內會送達到我們下榻的旅館。當下我又查詢了自己的旅遊不便險，當行李延誤6~24小時，只要將生活必需的衣物、盥洗用品等購買收據留下，並向航空公司申請行李延誤的證明，可以有2萬元的額度向保險公司申請實報實銷，可以購買個人的上衣、內衣褲、褲子、外套、鞋子、沐浴乳、洗面乳等等，只要保險公司能接受你購買的理由。

另外，假如行李延誤超過24小時，可以歸類為行李遺失的案件，保險的額度則增加至三萬元新台幣，並且遺失後五日內的收據皆可申請實報實銷。最後，我的行李在延誤了23小時後成功抵達我住的地方，由我的House Keeper - Edwin 幫我簽收。

IGS GROUNDSERVICES KEFLAVIK INT AIRPORT KEFLAVIK ICELAND
OPENING HOURS 0530-1730 TEL+354 425 0226
PLEASE E-MAIL BAGGAGE@ICELANDAIR.IS FOR FURTHER INFORMATION
TO SEE STATUS ON YOUR FILE OR SEND MESSAGE REGARDING TRACING
PLEASE GO TO OUR WEB WWW.IGS.IS

FILE REFERENCE - KEFFI12168/11MAR15/0051GMT
NAME - HSU/
TITLE/INITIALS - MR /SHUOCHAN/SH/
FLIGHT/DATE - FI451/10MAR/
NUMBER OF BAGS - 1
TICKET NUMBER -
COLOUR/TYPE - YW22XXX
TAG NUMBER - FI707520/

IF AFTER SIX DAYS YOUR LUGGAGE HAS NOT BEEN RESTORED TO YOU
WE KINDLY ASK YOU TO SEND MESSAGE, STATING MISSING BAG
REPORT TO YOURCOMMENTS@ICELANDAIR.IS FOR FURTHER TRACING OF
YOUR LUGGAGE // FULL CLAIM HAS TO BE SUBMITTED WITHIN
21 DAYS OF FILE CREATION
»

● 向航空公司申請的行李延誤證明

● 出境大廳立著行李運送滿意度調查的按鈕，提供旅客發洩不滿的情緒或滿意心情符號

玉山銀行世界卡旅平險內容

保險項目	最高保險金額（單位：新臺幣元）
公共運輸工具期間旅遊平安險	5,000 萬
公共運輸工具期間 旅遊平安險傷害醫療保險金（實支實付）	10 萬
海外全程意外傷害險	海外 1,000 萬
海外全程意外傷害險醫療保險金（實支實付）	海外 100 萬
劫機補償 / 每日	5,000

保險項目	旅遊不便險（實支實付補償，無定額給付）
班機延誤（4 小時上）	2 萬（與家屬合計 4 萬）
行李延誤（6~24 小時）	2 萬（與家屬合計 4 萬）
行李遺失（24 小時以上）	3 萬（與家屬合計 6 萬）
全球購物保障	1. 每一項物品最高（同組或同套均視為同一物品）：10 萬 2. 每一次事故最高：30 萬 3. 每卡每年最高賠償金額：60 萬 4. 每卡每年最高賠償次數：2 次
旅行文件重置費用	5,000

（各發卡公司保險內容不一，請以各信用卡銀行官網公布消息為準，以上供旅人參考）

申根保險

在歐洲，由於醫療費用昂貴，若對自己健康有疑慮，可以多投保申根保險，多一份保障。在歐盟申根醫療保險規定中，當人們旅遊歐洲申根國家，建議投保符合規定的旅遊醫療保險。歐盟建議保險須符合下列條件：

1. 醫療保險給付額度最少必須 3 萬歐元或等值貨幣（約新台幣 110 萬元）。
2. 保障需包含支付因意外或突發疾病住院費用（保額最低各需達 3 萬歐元）。
3. 包含支付因醫療之故的緊急轉送回國費用、緊急醫療護理和緊急住院治療或死亡費用。
4. 住院醫療費用可由保險公司直接支付予歐洲當地合法登記之醫療院所。
5. 承保之保險公司必須在申根國家區域內設有辦事處或分公司。

26個建議投保歐盟申根國家醫療旅遊保險之國家如下：比利時、丹麥、德國、法國、芬蘭、希臘、冰島、盧森堡、荷蘭、挪威、意大利、奧地利、葡萄牙、瑞典和西班牙、愛沙尼亞、拉脫維亞、立陶宛、馬爾他、波蘭、斯洛維尼亞、斯洛伐克、捷克、匈牙利、瑞士、賽普勒斯。

1.4 冰島住宿 / Airbnb / Booking.com

機票訂完，接下來就要煩惱下榻的地點。有些人下了飛機，就在機場租車，直接踏上環島的旅程，最後再進市區觀光。我前兩天則是先到雷克雅未克市區，第三天才踏上環島的旅程。由於冰島的旅館價格都非常高，我建議大家可以住在民宿。冰島的民宿都非常有特色，相較制式的旅館，住在民宿裡可以感受當地的人情味，有時候還有民宿主人特製的食物，讓旅程增加不少樂趣。

在這裡介紹兩個在我這次旅程中使用的工具：Airbnb 以及Booking.com，在市區的住宿我選擇Airbnb，從網站上可以看到許多特別的房間，不過在環島的旅程上，Airbnb 的選擇較少，於是我選擇的Booking.com 來訂房間，這兩個網站都有清楚透明的退房和評鑑機制，接下來就一一跟大家介紹。

入住冰島市區兩晚的家

AIRBNB
https://www.airbnb.com.tw

Airbnb 是房東將家裡閒置的房間藉由網路開放給來自世界各地的旅人。

使用步驟如下：

第一步：註冊個人資訊。

第二步：進入首頁選擇地點及入住/ 退房日期，確定後就可以看到空房的列表。

第三步：設定自己的條件、預算範圍等等，搭配地圖選擇房間。

第四步：點選自己喜歡的房間，看看房間的照片、設施、退訂機制，還有過往旅人留下的評價。

第五步：申請預訂，待房東回覆確認訂房。

第六步：房東確認後線上刷卡完成交易即完成。

Hello Ragnhidur:
My name is Nick :) I'm from Taiwan. I'm planning to rent your sweet room on 10th~12th March(2 nights). My flight will arrive at about 16:00 on 10Mar, and I'll take flybus to BSI Reykjavik. I'd like to know how can I get your house from BSI? Look forward to your kind reply. Thanks.

Best regards
Nick

2月22日

● 與冰島房東的交流訊息

在申請預訂的同時，網站會建議你向房東自我介紹，這時的功能與“聯繫房東”相同，用這個機會說明自己的行程以及想問的問題，大部份的房東都回覆地很快。另外，在退訂機制上分為靈活、中等、嚴格、極嚴等不同的規則，在訂房前看清楚才能保障自己的權益唷！

● 每天都期待在這個廚房用餐

我在市區的下榻點選在特約寧湖旁的房子，因為這裡位在市區景點的中心，美麗的木造廚房也是我選擇的重要原因，我就在這個屋子度過了兩個溫馨的夜晚。最後離開時，我收拾得很乾淨，當作自己家一樣。離開後會有一個互評機制，這個評鑑機制主要是讓房東和房客都能互相尊重，彼此留下良好的紀錄，看著房東給我的評價，到現在我都還覺得開心呢！

It was a pleasure to host and meet Hsu, all our communication was first rate and he left everything in perfect condition, I highly recommend him to other host, wish him well on his travels and hope to see him again some time

Ragnhildur Sigurðardóttir　2015年3月

● 冰島房東的評價訊息

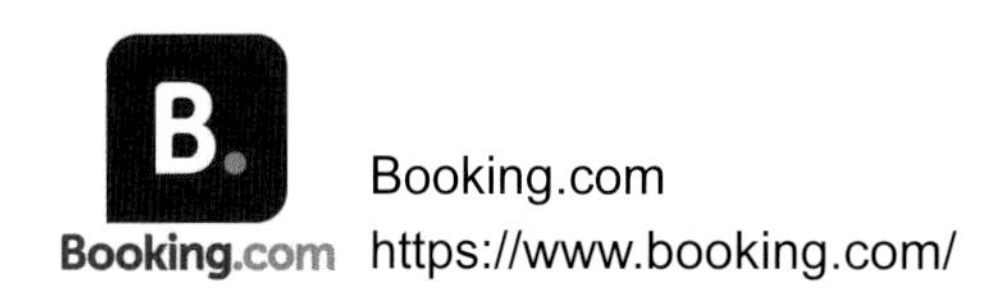

Booking.com
https://www.booking.com/

Booking.com 也是預約住宿的網站，在環島的路上，Booking.com 有較多的房間可以做選擇，使用步驟與Airbnb 大同小異，只有介面上的不同。訂房時可以多注意房間資訊，例如Wifi、Free cacellation before/date。不同的是，線上輸入信用卡資訊時並不會扣款，實際付費是到旅館或民宿時再現場刷卡，然後完成交易。

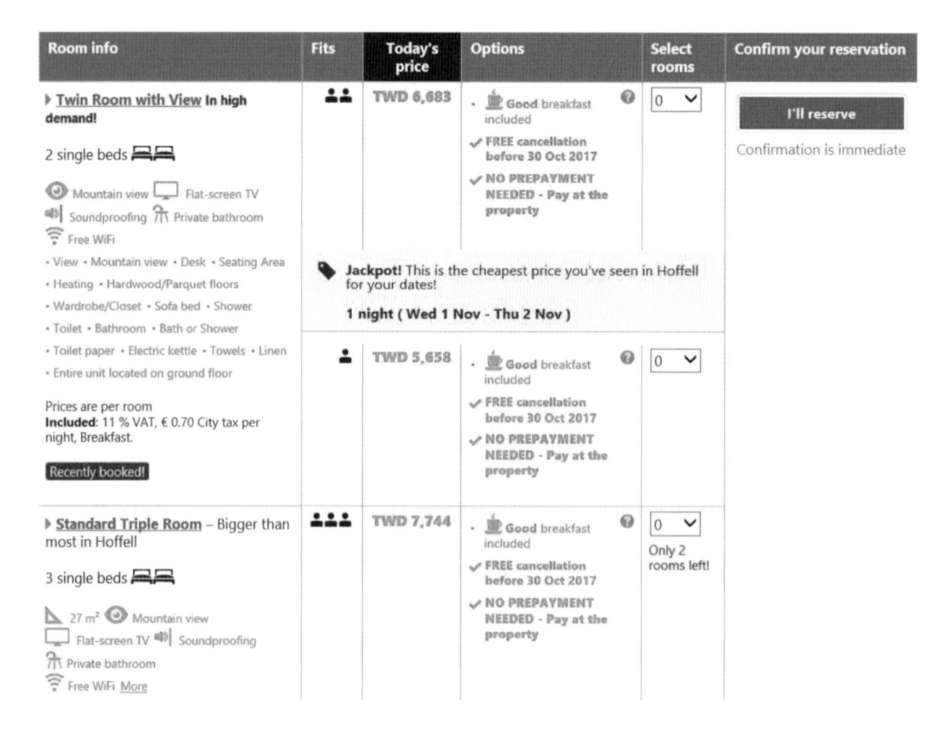

● 預約住宿網站 Booking.com

1.5 相互支援的夥伴 / 尋找旅伴

這次的規劃是環島旅行，沿著冰島一號環島公路，至少有2000公里以上的路程，而冰島就像海賊王One piece 裡的德雷斯羅薩，有冰山、有火山，氣候變化快速，三月時還有許多道路是被厚厚的冰雪覆蓋，甚至是封閉的狀態，找個夥伴在旅途上相互照應是絕對必須的。

旅伴從哪裡找呢？自助旅行必備良帖就是“背包客棧”，在這裡有最多與我屬性相同的浪人。我進入“旅伴”的歐洲自助旅行區，把待在冰島上的時間、行程、預算發佈上去，沒想到一個星期就有四組人和我聯繫，分別有兩位香港女生、一位上海人、和一位在英國的交換學生，最後是一對台灣年輕的夫妻。每一組都花了我許多時間和他們討論，最後選擇台灣人，行程、時間、預算和景點的安排重疊最多，加上我們各自都有許多旅行的經驗。在台北見過一次面後，就直接約好在冰島見了！

在挑旅伴的時候，一定要多花時間互相了解，找到合適的夥伴才不會變成旅“絆”，壞了旅行的興致，而我自己真是非常幸運！除了找到志同道合的旅伴，更慶幸的是自己交到一輩子的朋友！

旅伴自帶的航拍機，記錄了很多特別的回憶

1.6 黃金梅莉號 / 冰島租車 / 油費試算

冰島租車

冰島的冬天不是旅遊旺季，公車的班次少，在等待上會花費不少時間，而且少有公車到達東部，因此若要選擇環島的旅行，租車是唯一可行的方式。

冰島當地有不少租車公司，最後我的夥伴選擇了Blue Car Rental ，除了價格較平價外，Blue Car Rental 在網站上的說明都非常清楚，訂購流程的操作容易，日期價格試算清楚，加上早鳥租車買七天送一天的優惠，剛好符合我們預設八天的行程。以下就用Blue Car Rental 的網站截圖做流程的說明：

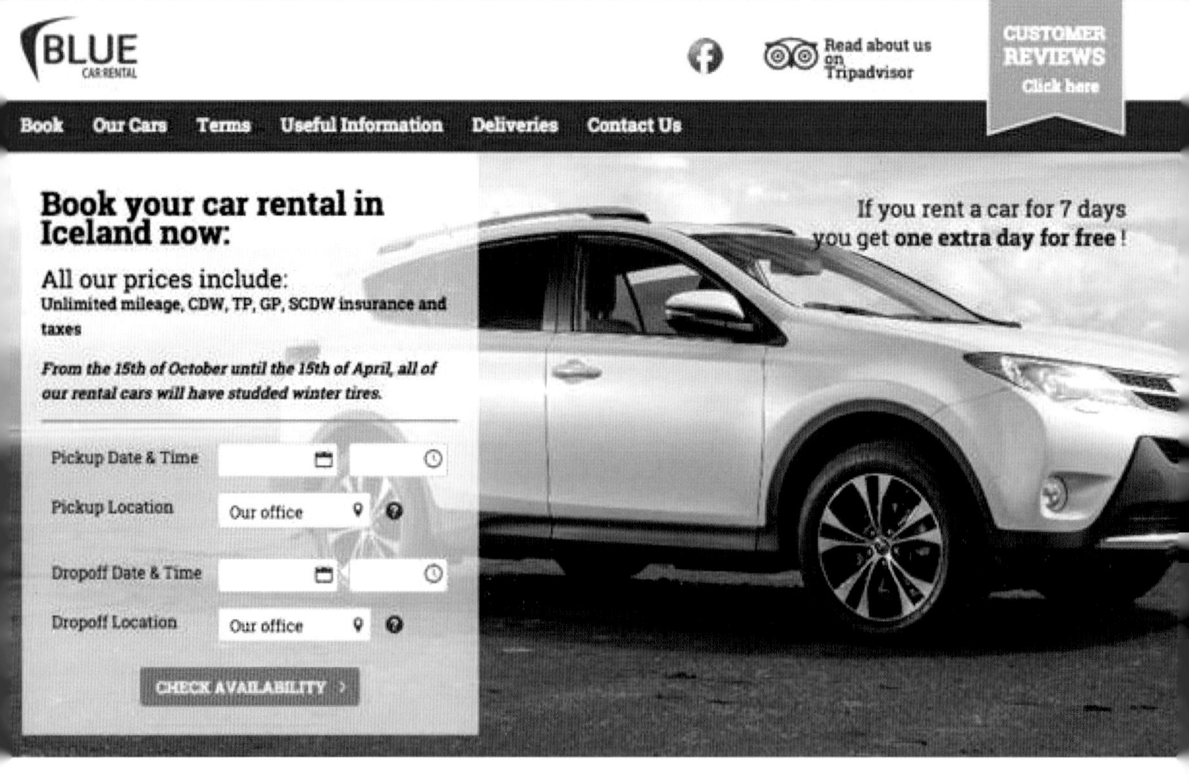

● 租車網站：http://www.bluecarrental.is/

第一步：進入首頁輸入租借日期、歸還日期以及租車還車的地點。

以我自己為例，我們取車的地點填寫在KEF凱夫拉維克機場，事前我們Email 告知Blue Car Rental我們的航班，經過確認後，在抵達機場的入境大廳就會有人舉牌，引導我們到Blue Car Rental 在機場的取車處，取車時只要拿出護照及原本辦好的國際駕照即可。還車的部分，我們填寫在雷克雅未克市區還車。若選擇在市區還車，必須填寫還車的地址或旅館，屆時會有人員到指定的位置取車。而市區還車的服務也需多負擔3,000 ISK的花費。

● 申辦國際駕照必備文件：護照正本、駕照、身分證、二吋照片兩張、申請費250元至全國各地監理站申請

第二步：選擇車款。

Blue Car Rental 的資訊非常透明，除了分為大型車、中型車和小型車，車子的品牌、價格、手自排、是否為柴油車、四輪傳動車（4x4）都非常清楚。在冰島不是所有的公路都有鋪柏油，加上冬天很常遇到積雪的山路，四輪傳動車是最安全的選擇。這次我們選擇的是自排的Suzuki GrandVitara（Automatic），更幸運的是，這次我們租到的是輛新車。

● 網站上提供各式車型可供選擇

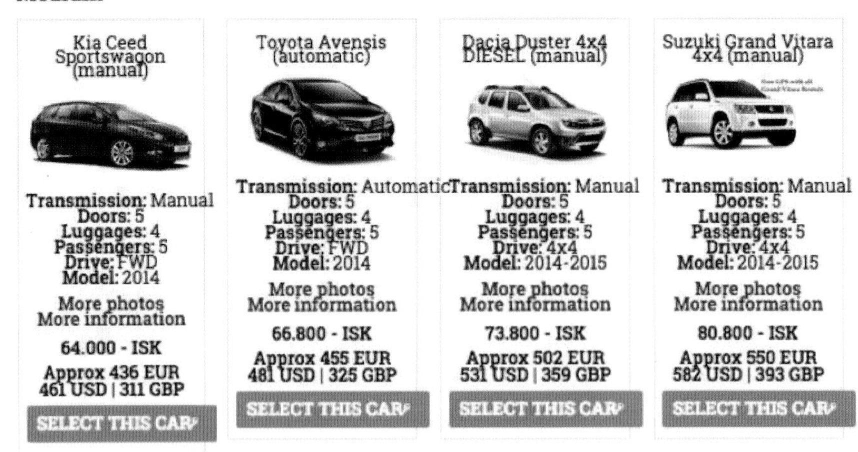

● 網站上提供各式車型可供選擇

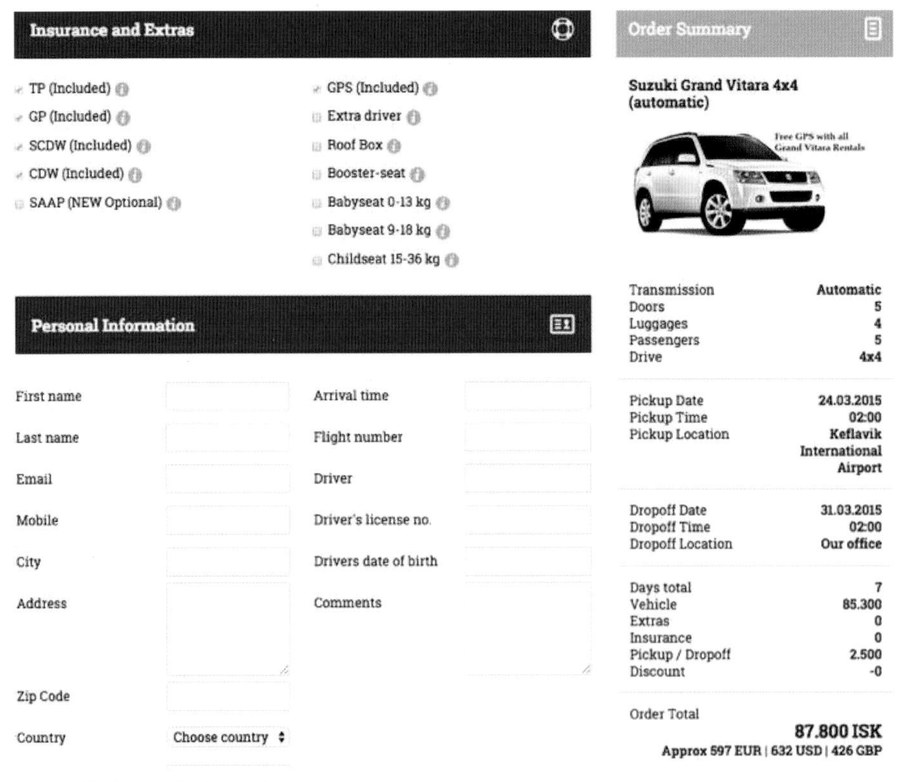

● 選擇保險及其他服務的頁面

第三步：選擇保險及其他服務

保險：

每家租車公司提供的保險項目不同，Blue Car Retal 選購保險的方式非常簡單，而且有詳細的說明。我們選擇的車款已含了 TP、GP、SCDW、CDW，只有 SAAP 是加購選項。

TP：Theft Protection 盜竊險

GP : Gravel Protection 碎石保險

CDW：Collision Damage Waiver 意外碰撞損壞險

SCDW：Super CDW 超級意外碰撞損壞險

SAAP：Sand and ash protection 沙石風暴險

其他服務：

以 Extra driver 為例，若在路程上打算兩個人輪流開，要多一名駕駛，預約租車時就需要輸入兩位駕駛人的國際駕照編號和相關資訊，在取車時會做比對，發生意外時若被租車公司發現駕駛者不是當初買保險的人，則保險公司就不會理賠。

另外 GPS 衛星導航，我們這次租的新車已經內建安裝在車子裡，沒有內建的車款可事先勾選此項服務。這裡的 GPS 資訊詳細，不僅能為你規劃到目的地的路線，當你需要加油購物時，還可以幫你找到最近的加油站、最近的購物中心。所以建議大家一定要配上 GPS 的服務。 若有小 Baby，還可以預約嬰兒座椅唷。

第四步：完成線上付費流程

在冰島開車使用 GPS 時最好使用“座標”來定位目的地，確保 GPS 不是錯誤判別到重複的地名。一走錯方向，行程就註定要延誤了。雖然往往都是這些美麗的錯誤令人印象最深刻。

我們的環島坐駕！

順道一提，在冰島開車要多留意路況，天氣變化會嚴重影響行車安全，降雪量、降雨量、風量、氣溫，以上的指標是都是要注意的重點。遇上風暴、積雪、起霧、驟雨都是稀鬆平常的事。所以事先可以到 Icelandic Met Office氣象預報站了解隔天的天氣狀況，讓自己和夥伴都能處在安全的路線上。另外，除了天氣的預報，Aurora Forecasts，邊觀察極光指數及位置，搭配著App 提醒，相信在路程上就有機會遇上極光唷！

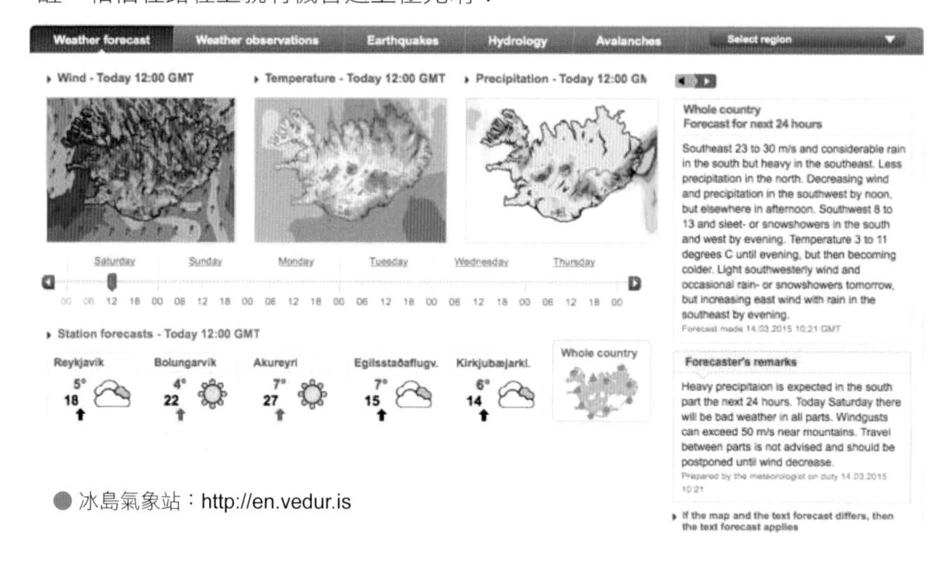

● 冰島氣象站：http://en.vedur.is

油費試算

在開車環島的行程中，大部分加油站都是自助式的，時常還會遇到加油站完全無人的情況。

所以除了臨櫃付現外，還必須知道另外兩種付款方式，分別是使用「加油卡」及「信用卡」。

加油卡

加油卡其實就是預付卡的概念。一路下來，最常見的加油站就是N1，建議可以買一兩張小額加油卡，以備信用卡失效或是加油站沒有半個人的情況。

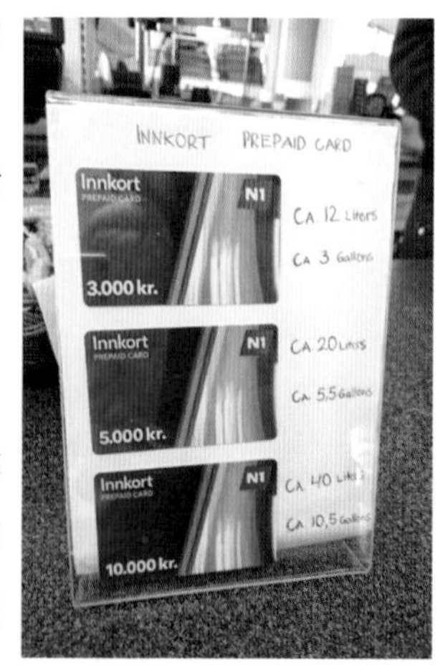

● 便利商店裡的加油卡

信用卡

使用信用卡的付款方式和國內自助加油類似，唯一要注意的是付款過程中需要輸入4位數的信用卡密碼，此密碼需要在出國前先請發卡銀行開通，否則就無法使用囉！

如何估算加油的費用呢？在這邊推薦一個網站“NUMBEO”。

https://www.numbeo.com/common/

第一步：進入首頁，游標移至在上排選項中“Travel”的選單。

第二步：點選“Gas Price Calculator”，在國家的欄位選擇“Iceland”。

第三步：先用 Google Map 統計完路程的距離後

第四步：將預計的距離（Distance）輸入。

第五步：輸入燃料功率（Fuel Efficency）

一般汽車的燃料功率約 10L / 100KM

第六步：Gas Cost 處即是預估的油費。

以此次經驗，我按照 google map 預估環島一圈（涵蓋市區、金圈及西北半島），總路程約2,000公里，預估油費會約在40,000 ISK。最後實際上我們總花費約為38,000 ISK（約新台幣9,000元），與試算結果非常接近，可以供大家作為參考。

最後，無論是取車或還車，一般都是在加滿油的情況下交車，所以還車前建議大家將油加滿再歸還，為台灣留下好的國際形象，做好全民外交。

● 當地加油站設備

1.7 冰島簡介 / 極光季節 / 氣溫 / 消費

冰島約有200座的火山，地震及火山活動頻繁，地底下多為玄武岩，地面上則是衝突的冰河峽灣地形。除了11、12和1月，因為日照時間短、天候不佳以外，都是適合觀光的季節。冰島主要的民族來自北歐日耳曼人及凱爾特人，宗教信仰以基督教為主。冰島過去在經濟上主要倚賴漁業及魚類加工業，由於得天獨厚的水力及地熱資源，現在也發展了工業。

2008年冰島破產後，近年來積極發展觀光產業，每年成長10~20%。在冰島除了市區觀光，大自然的美景是最大的賣點。除此之外還能出海賞海鸚鵡（Puffin）/ 賞鯨、騎冰島馬、騎雪地摩托車、賞極光、冰川健行、坐狗雪橇、探索冰洞、深入火山等等，都是讓人心跳加速的行程，看到這裡相信你已經迫不及待想要出發了！

● 冰島國旗：
藍色代表海洋，
白色代表冰河，
紅色代表岩漿

冰島全名：**冰島共和國**

LýðveldiðÍsland（Republic of Iceland）
首都：雷克雅未克
官方語言：冰島語Lofsöngur
冰島貨幣：冰島克朗 ISK
國土面積：103,001平方公里（約台灣的三倍大）
總人口數：約32萬人
時區：格林威治標準時間（UTC+00:00）
較台灣慢 8 個小時
插頭：220V/50Hz，歐洲標準規格

國際電話區號：+354
極光出現月份：每年10月至隔年4月
旅遊旺季：每年5月到9月

氣溫 / 穿著

冰島夏天平均氣溫約10~15度，冬天由於墨西哥灣的溫暖洋流流經冰島的西面和南面，使得冰島西南方沿岸氣候較為緩和，因此冰島的冬天較其他同緯度國家溫暖，冬天最低溫約在−10 ～ −15度之間。

在冰島保暖的策略要採多層次的穿搭，也有人說是洋蔥式的穿法。通常第一層是貼身的衣物，像是發熱衣，讓自己好像多了一層皮膚；第二層就可穿上自己喜歡的長T、毛衣或背心，作為保暖層；第三層則是防風層，讓身體與外面的冷空氣作隔絕。這樣的穿搭進可攻退可守，在室外保暖，回到有暖氣的室內脫下大衣就沒有負擔。褲子部分一樣可多穿一件貼身的束褲，再加件擋風的外褲；至於鞋子一定要注意有沒有防水功能，於是我買了一雙Palladium 的登山靴，讓我在這趟旅程暢行無阻！最後再帶上毛帽、圍巾和防水的手套，裝備齊全後就不用再為怕冷而費心了！

消費 / 退稅

北歐的消費習慣都以信用卡為主，冰島也不例外，連熱狗攤都能用信用卡消費。冰島的物價不低，以洋芋片為例，一般超市的樂事一包大約要價625 ISK，折合台幣約150元。

冰島商店街的營業時間約在10:00—18:00。雷克雅未克最熱鬧的商店街從舊區的Austurstræti 連接到Bankastræti 再向Laugavegur 延伸，整條街道上有各式紀念品店、書局、粉紅豬、Timberland、銀行、郵局等在地的店家，還有冰島專屬的“北緯66 度”戶外運動品牌。只要在可退稅的商店購物滿約4,000 ISK就可以辦理退稅，一般店家會主動給予退稅單並告知退稅的相關資訊，沒有的話也可以主動詢問。退稅的比例大約是15%，而且在Laugavegur

街上就有可以辦理退稅的旅客中心。不過就在我去旅客中心申請退稅時，他說我的消費金額過高，必須到機場才能辦理退稅。

KEF 機場不大， 到了機場很容易找到Customs Check 的窗口，這裡清楚的寫著退稅的流程，根據新規定，只要消費金額超過34,501 ISK就必須在出關前將要退稅的收據給海關蓋章。我拿出退稅收據，海關看也沒看的就蓋下去，最後再到出關後的TAX FREE 櫃台完成退稅。

● 當地機場 Customs Check 的窗口

CASH
REFUND

Aro

ARCTIC
ICELAND

Around Iceland
Travel Agency
NO BOOKING FEE

ICELANDIC WATCHES

ARC·TIC
ICELAND

轉自網路的冰島小故事：

最早的記載中，西元七百年愛爾蘭的僧侶曾抵達冰島東南方的法羅群島（Foroyar），進入大航海時代後，一群來自挪威的海盜往更北方探索，於是發現了冰島! 這批海盜看島上都被冰雪覆蓋，所以就稱它作冰島。另一個有趣的傳說是，這批海盜發現冰島上其實一片綠意盎然、資源豐富，為了防止其他人來搶地盤，於是命名為「Iceland」。而真正在衛星地圖上終年冰雪覆蓋的格陵蘭反而被稱為了「Greenland」。

1.8 行李檢查表

資料類		衣物類	
□ 護照	□ 簡易地圖	□ 貼身保暖上衣	□ 襪子
□ 備用兩吋照片	□ 預約租車資訊	□ 貼身保暖束褲	□ 拖鞋
□ 電子機票	□ 信用卡兩張	□ 保暖防風外套	□ 防水靴
□ 民宿資訊	□ 現金（美金、歐元）	□ 防風褲	□ 圍巾
□ 保險資料	□ 緊急聯絡電話	□ 毛帽	□ 墨鏡
□ 國際駕照		□ 手套	□ 後背包
		□ 泳褲	
電子類		**日常用品類**	
□ 手機	□ 電子用品充電器	□ 個人備用藥	□ 水壺
□ 相機（電池）	□ 萬用轉接插頭	□ 面紙若干包	□ 乳液
□ 筆記型電腦	□ 多功能讀卡機	□ 雨傘、雨衣	□ 文具用品
□ 耳機	□ 記憶卡		
□ 行動電源			
盥洗用品		**其它**	
□ 牙刷	□ 旅行用洗髮乳	□ 腳架	□ 泡麵
□ 牙膏	□ 旅行用沐浴乳	□ 滑板	□ 行李鎖
□ 小毛巾	□ 旅行用洗面乳		
□ 少量洗衣粉			

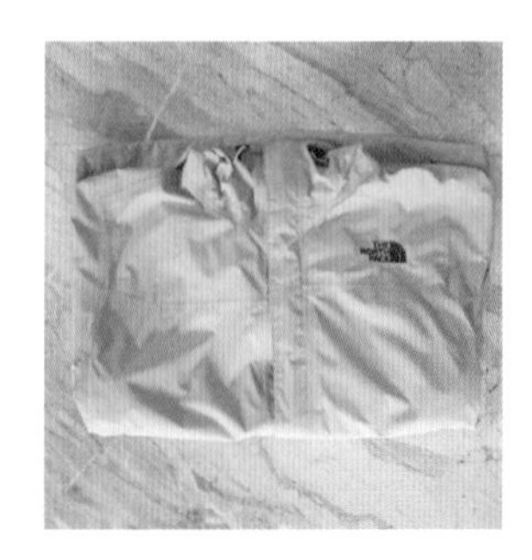

出發前護照遺失？怎麼辦？

經常在旅行的我竟然發生了掉護照的糗事。三月七日星期六，我的護照掉了，這是出發前兩天…我的班機是3/9星期一早上7:05，CX463 國泰航空飛往香港轉到倫敦的班機。3/6星期五我到外交部辦理役男身份註銷，3/7 開始整理行李的時候，第一件找的物品就是護照，但是護照卻不見了！！！當下只好先冷靜下來接受事實，同時致電到外交部詢問，但適逢週末的外交部完全沒有人上班，僅有機場的外交部辦公室有人值班，我打電話過去詢問遺失相關事宜的時候，外交部主任告訴我，假如是護照逾期，可以事先打電話到機場外交部預約辦理，但若是護照遺失，基於護照被盜用的可能性，遺失後必須到警局辦理護照遺失。此時，舊的護照就等同於作廢，必須再拿著遺失證明到外交部辦理新的護照，最急件加900元，最快也要兩個工作天，從申請的下半個工作天開始計算。經過沙盤推演，試想可能解決的方案：

情況一：星期一早上在外交部門口守候，詢問最早上班的公務人員是否有人拾獲我的護照，此狀況我只需要將班機延後至下午或晚上，行程不至於影響太大。

情況二：也是最糟的情況，沒有人在外交部拾獲，我必須當機立斷到警局申辦遺失，並拿著遺失單馬上再到外交部辦理最急件。如此一來，最快也要兩個工作天。從申請的下個半天開始算，最快只能在3/11下午拿到新的護照，也就是我所有的行程都必須延後，所有的航班和飯店都必須聯繫並更動，想到這裡也只能接受現實，做最壞的打算。

最後，很幸運地在星期一一早順利拿回了好心人拾獲的護照！感謝外交部人員的同時，我趕緊聯繫航空公司將航班改為晚上8點的班機，在3/10凌晨5點抵達倫敦，趕上第二段冰島航空的班機，將損失降到了最低。

1.9 旅行盤纏 / 預算

如何規劃冰島的預算是一項難題，基本上沿路都是景點，不花錢參加當地的旅行團也能玩得盡興。但若要體驗特別的行程，例如：雪上摩托車、狗拉雪橇、冰川健行、出海賞鯨、甚至還有搭直升機觀光等行程都是需要裝備或是專業的導遊領隊帶領，若想有這些安排，提高預算是無法避免的。至於伙食費方面，自己烹調相對比外食能省非常多。若想要帶一件當地的羊毛衣做紀念，至少就是5,000元新台幣。每個人的花費都不會一樣，以下就用我這次旅程的預算供大家做參考。

單位：新台幣 / 元

交通			
台灣 - 英國（國泰航空）	32,000（含稅）	冰島租車（Blue Car Rental）	8,000（24,000/3 人）
英國 - 冰島（冰島航空）	11,000（含稅）	環島油費	3,000（9,000/3 人）
KEF 機場 - 市區（來回交通 3 趟）	1,800	英國地鐵（Oyster Card）	500
住宿			
英國 2 night（Easy hotel）	3,200	環島 Day4 night（Olgu Guesthouse）	1,981
雷克雅未克 2night（Raga' s house）	3,200	環島 Day5 night（Vogahraun Guesthouse）	2,590
環島 Day1 night（Bjarney Guesthouse）	2,220	環島 Day6 night（Fossatún Guesthouse）	1,838
環島 Day2 night（Horgsland Guesthouse）	1,040	環島 Day7 night（Sudur-Bár Guesthouse）	1,343
環島 Day3 night（Holfell Guesthouse）	2,183	環島 Day8 night（Sport Guesthouse）	1,480

伙食			
英國 2 日 （觀光美食）	1,800	環島 8 日三餐 （自己烹調）	3,500 （10,500/3 人）
市區 2 日 （觀光美食）	2,500		
其他活動			
狗拉雪橇 3HR Dogsledding	8,500 氣候 因素取消	冰川健行 3hr Glacier Guides	2300 氣候因素取消
Vatnshellir Cave	600	紀念品	12,000
明信片 （加郵票共 18 張）	1,800		
TOTAL		99,575	

當地紀念品

Iceland

冰島浪人日記

第二章
降落雷克雅未克

從倫敦出發，搭乘三月十日冰島航空FI 451，預計13:00從希斯洛機場起飛，16:00抵達冰島凱夫拉維克機場。因為天候狀況惡劣，班機延誤了七個小時，最後在20:00順利登上飛機。後來因為不明原因，又等候了半個小時才起飛。抵達冰島時已經是午夜。下了飛機走到行李的轉盤邊，地勤人員告訴我們行李都還在倫敦呢！意外，是我對冰島的第一印象，面對這意外，我心裡是莫名的興奮。這是我當初來這的理由之一啊！

2.1 前往雷克雅未克

降落冰島後，無論多晚的班機都一定有接駁公車能載你到市區。Flybus 是我這次來往機場和市區的主要交通工具。Flybus 的服務分為Flybus 與Flybus plus，一般Flybus 的價格是1,950 ISK，Flybus plus 的價格則是2,500 ISK，差別在於一般Flybus 的服務是從機場送到公車總站，而Flybus plus 會在你到達公車總站後再轉乘小巴士，送你到指定的旅館。有配合的旅館都可以從Flybus 的官網找到。假如你跟我一樣是住在Airbnb 的民宿，那就事先搜尋附近的旅館當作送達的地點，總共約有100家旅館可以選擇。在拖著行李的情況下，購買Flybus plus 的服務絕對是超值的選擇。

更重要的是，Flybus 上有免費的WiFi 服務，只要在車上打卡就可以換到WiFi 的使用權限。

● 當地人將 BSI 讀作〝BZ〞，問路時說出正確的讀音，當地人會更容易知道你要說什麼唷！
Flybus 官方網站：
https://www.re.is/flybus/

● 雷克雅未克 Flybus 巴士總站

上車後雖然有點疲倦，但一下子就沉浸在車上的WiFi 上，並透過WiFi 向家人報平安。大約40分鐘的時間終於到達了Bsi 巴士總站，聽著站務人員的安排搭上轉往直達旅館的小巴士。由於我前往的路線上整台巴士只有三個人，於是我跟司機說，其實我住的地方是在旅館附近的民宿，看他能不能直接載我到民宿，沒想到司機豪爽的答應，告訴我先送其他兩位客人到旅館後，再專車送我過去。最後終於在凌晨2:00抵達了Raga 的家。

● 冰島的第一個下榻點
Rega's house

還好白天班機誤點時，我就事先用Airbnb 的App 傳了訊息給Raga，說我的飛機誤點，預計午夜才能抵達冰島，她也馬上回了我訊息“Nick 你到的時候大家應該都休息了，不過我會幫你把鑰匙放在門旁的盒子裡，裡面有一支寫著你名字的鑰匙，另外，Housekeeper 住在4號房，有什麼需要隨時可以請他幫忙”。當下覺得非常貼心，後來我照著Raga 的指示，順利進到了溫暖的屋子！

進門後，脫下鞋子在門口敲了敲，除去身上的積雪。屋子裡非常安靜，大家應該都就寢了。看著鑰匙上的6號數字，應該就是指6號房吧！最後沿著樓梯終於在二樓找到了我的房間，放下背包，掛上外套，洗個熱水澡，褪去一身的疲倦，這時候已經是凌晨三點鐘，倒頭就進入了夢鄉。

● 溫暖的房間

2.2 市區觀光 / 景點、購物

不知道是時差的關係，還是按捺不住蠢蠢欲動的四肢，感覺到陽光灑進房間的那瞬間，眼睛不由自主地睜開，馬上起身盥洗換油費裝，迫不及待迎接冰島的早晨！似乎已經忘了昨晚的疲憊。

● 一早和白雪交融的屋子

● 出門前，發現 Raga 的屋子很貼心，在門口有許多給旅人的書籍和資訊

雷克雅未克是全世界最北邊的首都，位於北緯約64度。冰島的西南側，其名Reykjavik 意思的是“冒煙的港灣”，以冒煙為名是因為當初維京人看見了冰島地熱的蒸氣，而vik 則是“港灣”的意思，所以在冰島可以看到很多有vik 結尾的地名。

Raga 的家位在舊雷克雅未克區的市政廳旁，舊城區的建築風格和街道都非常有北歐的味道，真的有別於新市鎮的高樓大廈。走出Raga 的家，迎面而來的就是一輛市區公車，遊走在曼妙的樹下和彩色房屋旁，而且驚喜的是，遠遠的就能看到Hallgrimskirkja 教堂的屋頂，好像在為我指路一般。走！就先往教堂去吧！

Reykjavík's City Hall 冰島市政廳（一樓有許多遊客資訊可領取）

我看著教堂的屋頂，沿著特約寧湖湖畔走去，看見了傳說中平易近人的市政廳，但是…湖呢？竟然全部結冰了！還被厚厚的白雪覆蓋著，沒有想像的天鵝、鴨子在戲水，只有一望無際的雪白，原來冬天的特約寧湖長這個樣子！

我繼續沿著湖畔的腳印走，湖畔邊有很多雕像。遠遠就看到一個居民坐在板凳上，走近一看才發現是一尊雕像，原本還想熱情地跟他打招呼，自己笑了一下，讓我想起了紐西蘭北島KatiKati 小鎮的Barry 先生（也就是板凳上的那尊雕像），望向湖的另一岸，有著黃色的屋子（根據維基百科上寫說他早期是一所職業學校）和綠色屋頂的Free Church，深呼吸了一口氣，漫步在這樣的景色當中真是舒服！

Free Church

● 湖畔邊玩耍的小孩們

Hallgrimskirkja

繼續朝著教堂屋頂的方向走去，突然間我已經被周圍的房子遮住了視線，就在打算向旁人問路的同時，莊嚴的鐘聲突然響起。我閉上雙眼，感覺那瞬間教堂正在為我指路，吸引著我朝著鐘聲的方向走去…

Hallgrimskirkja 教堂 ⓫

Open every day from 09:00 - 20:00

Entry to the tower：成人 600 ISK，小孩 7-14 歲 100 ISK

穿越街道後，就是一座雄偉聳立的教堂。我認出了教堂前刻畫的雕像，那是冰島獨立之父Leifur Eiriksson，他站在高處面向著街道，似乎仍然守護著冰島這塊土地。一走進教堂，身旁圍繞著寧靜的氣氛，心情很放鬆。乳白色的天頂，交錯著優雅的漸層，轉過身，巨大的管風琴就在我的頭上。有人說整座教堂的建築正是這管風琴的結構造型（也有人說是仿冰島的玄武岩地形），教堂的塔高約72公尺，來此一定要登上塔頂，藉由塔頂的視野俯瞰整個雷克雅未克市區。不巧的是，當天電梯正在保養，留下了小小的遺憾。不過要欣賞冰島市區全景還有另一處（Perlan 珍珠樓），為了不耽誤行程，只好暫時帶著遺憾離開。雖然遺憾，但我在這裡拿到了市區的地圖！

Hallgrimskirkja 教堂

● Hallgrimskirkja 教堂

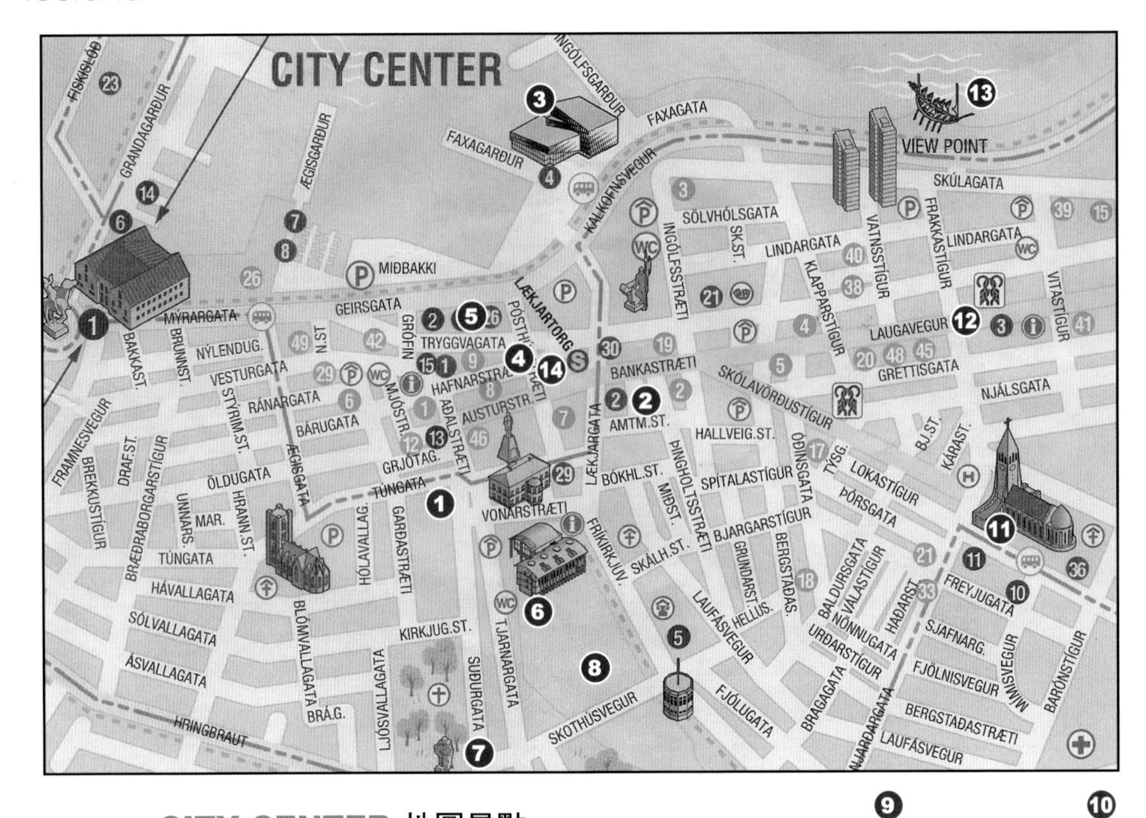

CITY CENTER 地圖景點

❶ Raga's house

❷ 旅客服務中心 InformationCentre

❸ Harpa 音樂廳

❹ 道地熱狗攤 Bæjarins Beztu Pylsur

❺ Kolaportið 跳蚤市場

❻ 市政廳

❼ 冰島國家博物館 National Museum of Iceland

❽ 特約寧湖

❾ Bsi 巴士總站

❿ 珍珠樓 Perlan

⓫ Hallgrimskirkja 教堂

⓬ Laugavegur 大街

⓭ Sólfar 維京船骨

⓮ 郵局、銀行

Sólfar 維京船骨 ⓭

在教堂的指引下，我拿到了市區觀光的攻略地圖，下一站我決定前往市區北方的海岸。在北方的岸邊有一座維京船骨的雕塑，好像隨時蓄勢待發。雕塑的原名為Sun Voyager， 冰島語稱它做Sólfar，這是1986年紀念雷克雅未克市200週年的優勝戶外雕塑作品，作者為藝術家JónGunnar Árnason。原著表示這象徵著一個沉睡的領土被喚起，代表著希望、進步和自由。

Harpa 音樂廳 ❸

Office open：Weekdays9:00 – 17:00，

Building open：Every day:8:00 – 24:00

往Sólfar 西邊望去，可以看到一座倚靠在海岸邊的建築物，像是一顆不規則的大水晶。沿著岸邊走近一看，又像是一顆大蜂巢，這就是Harpa 音樂廳。若有多餘時間的話，不妨事先到Harpa 的官網點選EVENTS，查查看有哪些表演。來一趟文藝之旅，或像我一樣只當個觀光客，漫步在這座大水晶蜂巢裡，欣賞建築和陽光交織的景色也是一種享受。

而夜晚的Harpa，每一塊鱗片會閃爍著繽紛的顏色，好像燈光秀一般，晚上休息的時間也可以到附近浪漫地散散步。

Harpa 音樂廳

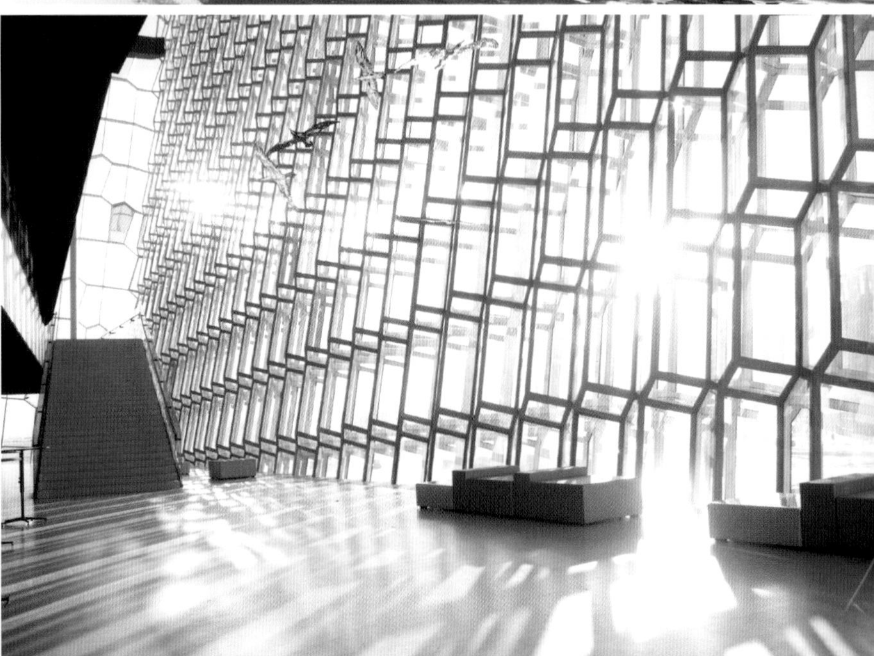

灑進音樂廳的陽光

● XMAS SHOP 聖誕老人專賣店

Laugavegur 大街 ⓬ 店家營業時間約在 10:00~18:00

Laugavegur 連接著Bankastræti、Austurstræti，其實都是同一條路，這段路是舊雷克雅未克市區最熱鬧的街道，各式的餐館、紀念品店、書局、郵局、銀行、藝品店、粉紅豬、旅遊服務處、二手衣物店等等都可以在這條街上找到。

其中XMAS SHOP 誕老人專賣店、帕芬鳥專賣店是我覺得不能錯過的店家。除此之外，街頭塗鴉也是Laugavegur 街上的特色之一。

● 充滿特色的街頭塗鴉

14

● Landsbankinn 銀行隔壁就是郵局

● Austurstræti 155 Landsbankinn 銀行

● 北極熊紀念品店，裡頭有賣貼紙型的郵票，若要寄明信片，非常推薦大家在這裡買唷！

● Laugavegur44 號的帕芬鳥專賣店

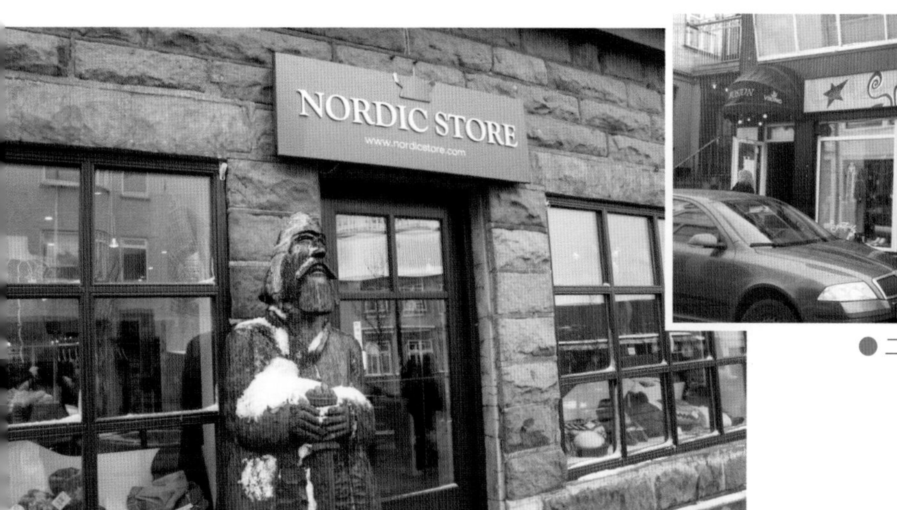

● 二手服飾店，不妨來挖挖寶

● 粉紅豬超市

● 計程車招呼站，走到這就沒什麼店家，也代表著 Laugavegur 的行程告一個段落

Bæjarins Beztu Pylsur 道地熱狗攤 ❹

位於 Tryggvatagata 和 Pósthússtræti 的十字路口 - A hotdog with everything

逛完大街，走著走著，突然覺得身體使不上力…對了！出門到現在都還沒吃東西呢！一想到這兒肚子馬上叫了起來，翻了下地圖，發現連冰島人都排隊的熱狗攤就在附近！

沿著地圖走到了熱狗攤所在的路口，一眼就看到白茫茫路面上鮮紅的熱狗攤，不知道是不是我來得太早，沒有像其他旅客照片上排隊的人潮，但我仍然興奮的走到熱狗攤前，講出預先準備好的道地點菜法“A hotdog with everything, thanks”，裡頭的阿姨親切地微笑點了個頭說“OK”，不過就在

● 道地熱狗攤 Bæjarins Beztu Pylsur

這個當下，熱狗攤的電話響了，她下意識的接起電話，這通電話大約講了20秒鐘。回頭來他開始把熱狗包一包，淋上醬汁和配料，大約也是20秒鐘的時間。當我拿出信用卡準備付款時，熱狗攤阿姨的手突然擋在了刷卡機前，我愣住地看著她，她告訴我，因為剛剛講電話讓我等了一下，覺得很不好意思，這熱狗就免費請我吃吧！我瞪大了眼，不可思議地接下這熱狗，真是太特別的經驗了！

因此，下次如果問我道地冰島熱狗多少錢時（380 ISK），請原諒我記不得那麼清楚，因為我根本沒付錢。而重點是味道如何呢！第一口咬下去的那個瞬間，軟綿綿的新鮮麵包和Q彈熱狗，加上醬料的組合，有鹹、有酸、有甜，更吃驚的是裡頭還有脆脆的香料，全部搭在一起簡直是絕配，已經餓壞的我，還來不及坐下，三四口就把熱狗給解決了。

● 冰島道地熱狗

吃完美味的熱狗已經是下午一點鐘，下午安排的是藍湖行程，因為時間和距離的因素，珍珠樓只好等環島回來再去。

接下來我們要先跳回到我環島回來的那一天，先把市區觀光的行程介紹完畢。

Perlan 珍珠樓 - 雷克雅未克夜未眠 ⑩

opening hours: 週一到週三 AM10:00~23:00 週四到週日 AM10:00~00:00

珍珠樓原本是雷克雅未克儲存熱水的建築，在1991年經過翻新和改建，才變成現今大家熟悉的珍珠樓。慢慢地有許多餐廳和酒吧進駐，五樓還有浪漫的旋轉餐廳。珍珠樓是離舊雷克雅未克區最遠的景點，位在整個市區的南方，BSI 公車總站的東邊。由於珍珠樓位在相對高的小山丘上，從珍珠樓可以看到雷克雅未克區全景，是看夜景最好的去處。

我在離開冰島前一天才走到這裡。傍晚五點，我遠遠就看到珍珠樓的圓頂，從市區漫步了20 分鐘走到小山丘下，爬上斜坡就能看見期待已久的珍珠樓。進入珍珠樓是免費的，大門口的警衛可能會親切的問你要到幾樓，只要說“I'm going to see the view”，他會帶你到搭乘電梯的位置，告訴你上四樓，走到戶外就可以看見“The View”。電梯一上四樓，我迫不及待走到戶外的陽台，往市區望去，真是太美了！所有的建築物就像是模型一般，遠方山海交錯的景色連結著童話般的城鎮，這個景色深深烙印在我腦海裡。

● Perlan 珍珠樓

Perlan 珍珠樓上絕美景觀

為了等待夜景，我決定在珍珠樓用晚餐。我吃的是四樓的Buffet，大約是2,300 ISK，除了冷食就是熱湯和水果，還是台灣的食物好吃又經濟。

簡單填飽肚子後，天色已經暗了下來，我已經迫不及待走到戶外，推開門的我瞪大了眼睛，景色實在太驚人！一個深呼吸地長嘆，實在好適合在此時牽起另一半的手，可惜作者我只能左手牽右手。我漫步了一圈，享受在冰島的最後一個夜晚。

夜晚燈光照亮著 Perlan 珍珠樓

當我心滿意足的準備漫步回旅館時，回頭再看一眼珍珠樓，寶藍色的天空下，閃耀著珍珠白的外牆真是太美了！真是不愧對他的美名。

介紹完我在市區的最後一個景點，現在我又要穿越時空回到3月11日，那個吃完熱狗的午後，準備前往夢寐已久的Blue Lagoon — 藍湖溫泉！

2.3 天使的國度 / 藍湖溫泉 Blue Lagoon

回家放完多餘的行李，本該帶著泳褲、浴巾出門，但…我的行李還沒送到呢！還好藍湖有提供泳褲和浴巾的出租，帶上簡單的行李就往BSI 巴士總站出發，準備搭乘Flybus 前往藍湖！

藍湖溫泉位在KEF 機場東南方20公里處，是一個人造的潟湖，購票方式除了現場購票，還可以在官網和BSI 巴士總站買到入場券。

BSI 巴士站購票

在BSI 巴士總站，遊客可以選擇只買交通票，提供市區到Blue Lagoon 來回的交通服務，另外也可以購買交通票加上Blue Lagoon 的套票，一組一共是8,900 ISK。Flybus 的班次從早上09:00到晚上18:00，每隔一個小時有一班車。在回程時一定要算好時間，建議搭乘末班車的前一班車，以免回程時會有太多人擠在同一個時段。

● 來回交通券加上藍湖入場券的組合套票

網路購票

藍湖溫泉的門票分為Standard、Comfort、Premium、Luxury 四種。在網路購票後，記得列印下門票，票上有條碼及所選擇的購票明細，入場時出示即可。

Entrance	Standard	Comfort	*Premium	Luxury
Vistot Pass ＆ Entrance 參觀及入場許可	✓	✓	✓	✓
Acessories	**Standard**	**Comfort**	***Premium**	**Luxury**
Use of Bathrobe 浴衣			✓	✓
Use of Towel 浴巾		✓	✓	✓
Slippers 拖鞋			✓	✓
Food&Drink	**Standard**	**Comfort**	***Premium**	**Luxury**
1st Drink 飲料		✓	✓	✓
Reserved table ＆ Pre-drink at LAVA			✓	✓
Extras	**Standard**	**Comfort**	***Premium**	**Luxury**
Skin Care Trial Pack 面膜		✓	✓	✓
Spa Journey Product Set （Include Entrance to the Exclusive Lounge）				✓
PRICE in Winter	EUR 35	EUR 50	EUR 65	EUR 165
PRICE in Summer	EUR 45	EUR 60	EUR 75	EUR 165

　　由於這次路程上太多的意外，我沒有事先在網路上訂好藍湖的門票，又怕當場排隊的人多，所以直接在巴士站購買交通和入場的組合套票。很快地搭上駛離市區的Flybus。大約45分鐘的車程，開始發現周遭的地景逐漸被黑色火山岩所覆蓋，岩石上交織著純淨的白雪，這就是抵達的訊號，當車子停妥，跟著人群走就對了！

來到大門口，進門的右手邊是紀念品和充滿藍湖保養品的商店，左手邊則是入口，入口分成三道，一道給現場買票的民眾，另外兩道則是給已經預約及有入場券的遊客。

● 分流的入口

我拿著BSI 的套票到剪票口，入場的同時工作人員給了我在藍湖溫泉裡的萬能通行手環，這個手環不僅僅是寄物櫃的感應鑰匙，入場後的消費都可以記錄在這個手環裡，最後出場時再一次結帳，所以千萬不要掉在池子裡了！由於我的泳褲還在運送的途中，不得不租一條浴巾和泳褲，各是5塊歐元，也是記在手環裡，出場時再一併付費。

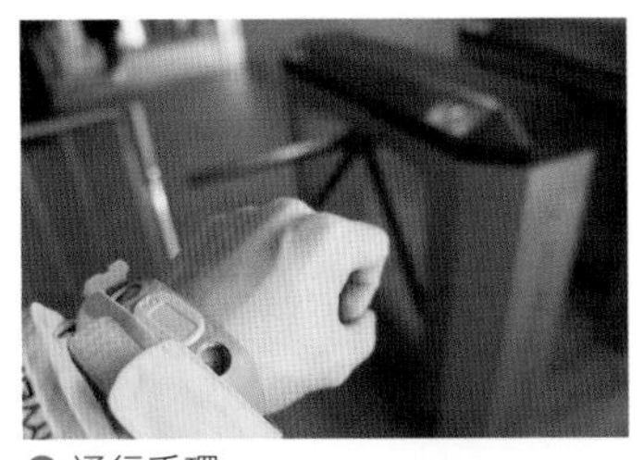

● 通行手環

● 租來的灰色浴巾和藍色泳褲

淋浴後，拿著毛巾就往藍湖衝去！一推開門走到戶外，攝氏0度的風瞬間侵蝕我的體溫，將毛巾掛在岸邊就一把跳進池子，體驗脖子下40度，脖子上0度的矛盾知覺，頭頂上還飄著一片片的雪花。慢慢地身體漸漸放鬆，我開始欣賞周遭的景色，雖然陰陰的天氣沒有藍天和陽光，但灰濛濛的天空完全掩蓋不住當下的感動，沒有太陽的照耀，湖水顏色顯得有點綠，不同於許多攝影師拍到的乳白藍，我想這也是一個驚喜吧！

漸漸地，早上市區健走的疲憊已經褪去，我慢慢探索整個藍湖溫泉。藍湖的水溫非常不平均，有些地方真有點冷，有些人在互相潑水，有些人閉目養神，更有一群人在岸邊點了飲料和啤酒在湖中享受，還有人正敷著藍湖特有的白矽泥。我也閉上了眼，用其他感官去知覺周遭的一切，有如做夢一般… 但我知道這是真實的！ It's Real ！

藍湖溫泉 Blue Lagoon

心情一放鬆，時間就過得特別快，注意到了要搭車回市區的時間。沖澡更衣後，走到出口繳費並交回手環，等車的時間我到了用餐區買了一個三明治和藍莓汁，原本以為藍莓汁可以解渴，沒想到這杯藍莓汁相當濃稠，讓我越喝越渴，不得不再買一瓶水，歡迎大家親自體驗看看。吃完的同時車也到了，一路就在充滿WiFi 的 Flybus 上，快樂地回到市區。

2.4 無緣的狗拉雪橇

回到市區後，夜晚安排的行程是狗拉雪橇！早早就想體驗在冰天雪地裡和哈士奇們相依為命的生活，一起在雪地裡奔馳、打滾，腦海中不斷浮現著那些電影場景才有的畫面，這只有來到真正的北境才有辦法體驗到。由於行程排得滿滿滿，加上很多團早已額滿，我在出發前只訂到了午夜的行程，Midnight Dogsledding。

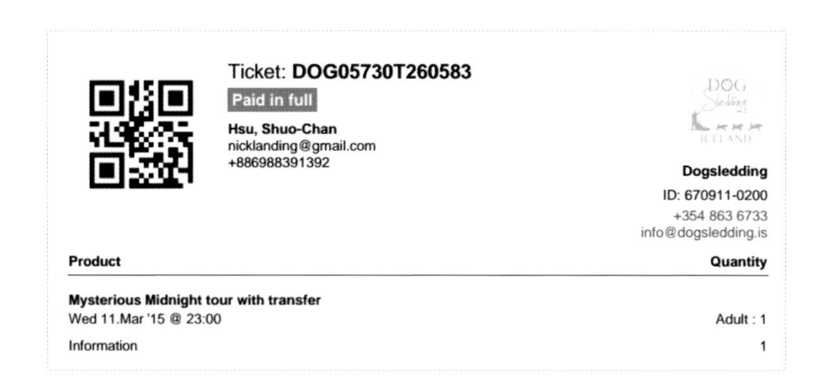
Ticket: **DOG05730T260583**
Paid in full
Hsu, Shuo-Chan
nicklanding@gmail.com
+886988391392

Dogsledding
ID: 670911-0200
+354 863 6733
info@dogsledding.is

Product	Quantity
Mysterious Midnight tour with transfer Wed 11.Mar '15 @ 23:00	Adult : 1
Information	1

如何報名狗拉雪橇

Dogsledding（www.dogsledding.is）是冰島狗拉雪橇最專業的團隊。你可以選擇從市區旅館接駁，或是自行開車前往狗拉雪橇的地點和大家會合。

由於路況不熟，我推薦大家可以選擇接駁的服務，才不會讓開車的疲勞影響這夢幻的行程。另外還有搭配金圈的一日遊，都可以搭配做安排。

根據網站上To Bring、Include、Details，可以看到行程的細節，雖然保暖的外套和手套已經包含在內，建議大家還是穿多一些，白天也要記得自備太陽眼鏡，我選擇的是午夜狗拉雪橇極光團，也就是除了狗拉雪橇，還能由當地人帶領到最容易觀賞到極光的地區等待。訂購完成後會有工作人員會主動Email詢問及確認要接送的地點和身高、體重、年齡，屆時務必在約定好時間的前半小時抵達。在我這次的旅行經驗裡，冰島人是非常守時的。

www.dogsledding.is

一路抱著期待心情的我，到了傍晚手機響起不知名的電話，我想該不會是我的行李送到了吧？！接起來電話竟然是Dogsledding 的工作人員，他告訴我由於天氣惡劣的因素，今晚午夜的行程取消了（晴天霹靂啊…），而後我可以選擇延期或退款。由於其他行程都已排滿，回到家看到Email，我只能無奈地選擇退款。讓這行程保留在幻想中，也許就是要讓我留點遺憾再來一次吧…雖然沒有去成，但我希望留下這次經驗，幫助大家填滿我心裡空缺的一頁。

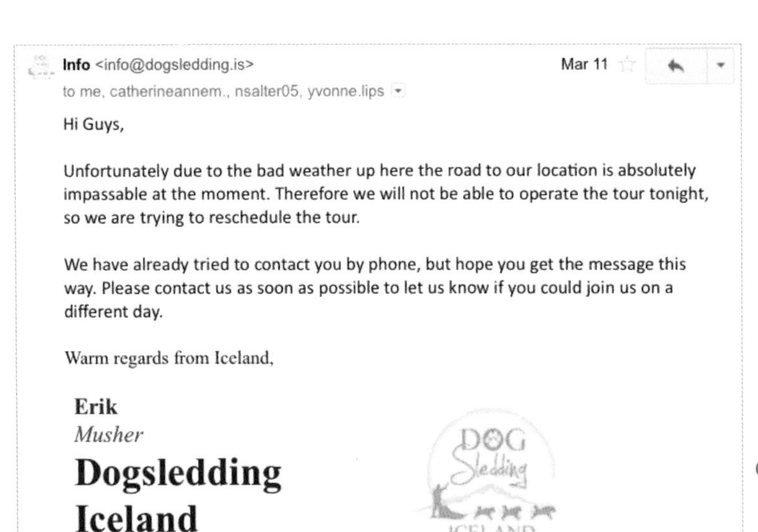

Info <info@dogsledding.is> Mar 11
to me, catherineannem., nsalter05, yvonne.lips

Hi Guys,

Unfortunately due to the bad weather up here the road to our location is absolutely impassable at the moment. Therefore we will not be able to operate the tour tonight, so we are trying to reschedule the tour.

We have already tried to contact you by phone, but hope you get the message this way. Please contact us as soon as possible to let us know if you could join us on a different day.

Warm regards from Iceland,

Erik
Musher
Dogsledding Iceland
: (354) 863 6732
www.dogsledding.is

臨時收到取消行程的郵件

這一路來天氣不佳也是無可奈何的事實，在路上逛了下超市，買了適合單人享用的兒童鮮乳。我回到Ragga 可愛的家，一開大門就是一個驚喜！我的行李送到了！原來是Edwin（Ragga 家的Housekeeper）已經幫我簽收了，我去敲了敲他的4號房門，和他說聲謝謝，順便簡單的告別，謝謝他這兩天的照顧。回到房間後，拿出早上在大街買的明信片，認真的寫了一個晚上，完成朋友們交待給我的任務，然後悠閒地度過這個晚上，這種像家一樣溫暖的感覺真想多住幾晚呢…

● 4 號房的 Edwin

寄明信片

郵局營業時間：平日約 9:00 ～ 16:30
銀行營業時間：平日約 9:00 ～ 16:00

三月十二日清晨，先將行李整理一個段落，準備把明信片先拿去寄。我走到Austurstræti 街上，正想把明信片投進郵箱的同時，突然覺得應該向郵局人員確認這些珍貴的明信片能順利寄到台灣，於是我上了郵局二樓，拿出我的明信片，詢問櫃員這些明信片寄到台灣有沒有問題，結果他驚訝得說我貼的是寄到歐洲的郵票！他問我在哪裡買的，我說是對面的書局，郵局人員先碎唸了一番後跟我說不好意思，然後說對面書局常常給錯郵票，我猜想應該是書局店員根本不知道我口中的台灣在哪裡，隨便拿了國際郵票就撕給我，最後櫃員請我拿去跟書局換。

● 特約寧湖唯一沒有結凍的角落

● 左：能寄到台灣的郵票
右：差點只能寄到歐洲的郵票

我回到書局，告知店員說他昨天給錯了郵票，他請了店長來協助，結果店長豪邁的重新給了我20張郵票，我重新把新的郵票覆蓋上去，最後再給郵局人員確認後安心的寄出。收到我明信片的朋友們應該還沒發現郵票很厚吧！而實際上我也分辨不出這兩張郵票到底差在哪邊，所以建議大家第一次寄的時候可以向郵局人員再確認，以免辛苦寫的明信片付諸東流。

寄完明信片，也代表市區觀光的行程告一段落，我興奮地拖著行李前往BSI，搭上機場的接駁，準備到機場接我的夥伴。終於要踏上期待已久的環島之旅！

Iceland

冰島浪人日記

第三章 踏上一號公路

迎接夥伴

回到機場，離Shaun 航班抵達的時間還有半個小時，看著一個一個剛入境冰島的人們入境，似乎大家都很興奮，直到看見熟悉的面孔！

顧不得旁邊的遊客，我大喊“Shaun”！沒錯！我的夥伴到了，還有Charlotte！Shaun 事先EMAIL 告知了Blue Car Rental 租車公司班機抵達的時間。Blue Car Rental 的人員也很準時的拿著牌子在入境口等待我們，我們向工作人員揮揮手，指著牌子上的名子，他馬上親切地帶我們到機場旁邊的辦公室取車。我們拿出事先列印好的訂車資訊以及國際駕照，很快地辦好手續後就取車了！

GRAND VITARA 我們的新夥伴！和網站上預定的一模一樣，黑色、自排、四輪傳動SUZUKIGRAND VITARA，準備和他一起享受一路的顛頗和美景！

迎接完夥伴們，這時候的時間約在下午四點半，剛剛上路的我們希望在太陽下山前抵達我們第一個住宿點 Selfoss 塞爾福斯小鎮，車程大約是90分鐘，不多説，發動引擎響起出發的號角！出發囉！

3.1 金圈之旅 Golden Circle

（3/12 住宿點：Guesthouse Bjarney, Selfoss）

3月12日，我們踏上了環島旅程，首要任務就是解決伙食問題！一路上我們都打算自己料理！畢竟在冰島想找外食還真不容易呢！我們事先訂的民宿也都有廚房的設備，設定好目標，前往第一站- Bonus Supermarket。我們總共買足了三天份的食材。冰島的氣溫讓我們不擔心食物會腐敗地太快。補充完糧食後就直驅今晚的住宿點Guesthouse Bjarney 。

Bonus Supermarket

由於天候不佳，一路上飄著雪，路面的碎冰讓輪胎無法緊緊的抓住地面，最後剛好在太陽下山時抵達了Selfoss。Selfoss 是個非常可愛的小鎮，連整修中的道路也不覺得礙眼。跟著導航，我們終於抵達了Bjarney Guesthouse，敲了敲門，民宿主人David 感覺已經等待我們許久，揮了揮大手熱情地歡迎我們！

● Guesthouse Bjarney

【Guesthouse Bjarney】

主人David 簡單帶我們參觀他的家，並且先完成住宿的付款。在冰島刷卡是一件非常普遍的事，除了熱狗攤可以刷卡，就連民宿老闆都自備著刷卡機。只要在住房當下或還鑰匙時跟民宿主人說要刷卡就好。一般建議是在下榻的當下就先付款，以免隔天早上起來找不到主人。

已經餓壞的我們一放好行李就往廚房跑，David 家的廚房很美！各種烹飪設備、調味料應有盡有。我們簡單煎了厚實的鮭魚排，淋上香料，炒了蛋，再熬一鍋紫洋蔥蘑菇蔬菜濃湯，沒想到辛苦煮了一個小時的晚餐才開動不一會兒就杯盤狼藉了。

● 各式調味料

● 晚餐

吃飽結束後，我們在餐桌前放空，討論著隔天前往金圈的行程。這時候 David 告訴了我們一個壞消息……

David 告訴我們今天有一個超強的風暴在西南邊形成，建議我們取消明天的行程，他說他過去是當地的警察，經常在暴風天出去搜救翻車的旅客。David 打開電腦讓我們了解風暴的情況，Icelandic Met Office 預計風暴明天下午一點風暴就會覆蓋整個冰島，只有東南方因為地形庇護，呈現較青的綠色。這個風暴有多強呢？平常冰島的風速約在每秒2~6公尺，當風速進入紫色的區域行車就要非常注意安全，超過每秒22公尺，屬於非常危險，而這風暴則有每秒30 公尺以上的實力……

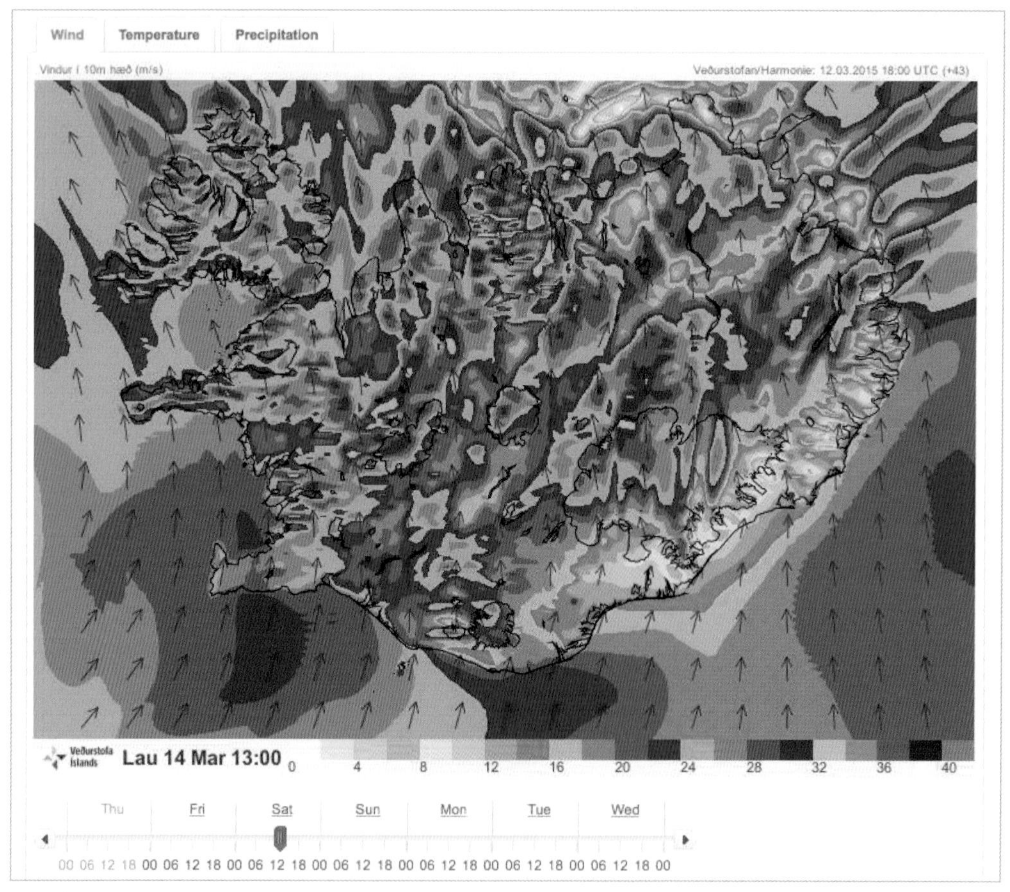

● 截圖自 Icelandic Met Office

在冰島開車，天氣的好壞會嚴重影響路況，甚至嚴重時部分道路會封閉。風速、溫度、雨量、降雪等等這些細節都會影響行車安全。一旦感覺到危險，千萬不要貿然上路。車上或鑰匙上通常會有租車公司的電話，有爆胎等等狀況千萬不要害怕聯絡租車公司唷。

得知這個消息後，我和夥伴們陷入一陣低迷……不過好在我們都是堅強樂觀的漢子！很快地打起精神，一起和David 把風暴動向研究了一番，我們發現只要在中午前繞過最南端的vik 就能把風暴對我們的影響降到最低，由於金圈的行程約需要四個小時，我們決定明天一早六點半起床，七點就一路向北前往金圈，直達最北的Gullfoss 大瀑布後，一路再直驅東南，預計在傍晚前抵達位在青色區域的第二個住宿點Guesthouse Horgsland。

【Guesthouse Garun】

當下雖然有點擔憂，但骨子裡其實對這風暴的挑戰備感興奮，這也是當初選擇來冰島冒險所期待的事情之一吧！這天我其實是住在附近的Guesthouse Garun，因為當初David 的房子只剩下一間房。回到Guesthouse Garun 後，洗完澡一把躺在軟綿綿的床上，養足精神準備面對明天的挑戰！

● Guesthouse Garun

3月13日早上七點，天微微亮，太陽還沒完全升起，外頭冰涼的空氣既舒服又提振精神！再看看Selfoss 的街道，再見了可愛的小鎮。和Selfoss 告別後，我們一路往最遠的黃金瀑布（Gullfoss）出發。從一路上交錯的車輛數目看來，我們應該是最早出發的旅人。沿路一望無際的景色目不暇給，更意外的是路上有許多冰島馬牧場，讓我們決定回頭時一定要停下來，暫時抑制興奮的情緒，先往目的地開去！

因應暴風計畫：

行進路線：35 號公路 → Gullfoss → 35 號公路回程 → Geysir 間歇泉 → 31 號公路 → 30 號公路 → 回到 1 號公路

景點路線：

8 點抵達 Gullfoss 黃金瀑布（最遠）→

10 點回程 → 冰島馬牧場 → Geysir 間歇泉 → Seljalandsfoss 瀑布 →

Walter mitty 拍攝地點 → Skogarfoss 瀑布

→ Vik 小鎮 → Guesthouse Horgsland

3.1.1 黃金瀑布 Gullfoss

“Gull”在冰島文是黃金的意思，也有人直接翻譯做古佛斯瀑布，常常有人把它跟北方的上帝瀑布（Godafoss）混淆。Gullfoss 位於斷層帶，由兩層瀑布組成，上層的瀑布有11米，第二層的瀑布有20米，瀑布所延伸的河流有2.5公里長，河流所切割出的峽谷有70米深，非常壯觀！

三月的Gullfoss，四周都被冰雪覆蓋著，實際能走的步道只能從腳印和些微探出頭的安全繩看出端倪，從被雪覆蓋的長板凳就可以知道這雪積了多厚。

I WILL NOT SELL MY FRIEND!
JE NE VENDS PAS MON AMI!

3.1.2 冰島馬牧場

為了躲避風暴，我們還沒十點就必須從Gullfoss 回頭。回頭路上還記得剛剛經過的冰島馬牧場，我們就把車停在路邊，跨越草叢直奔牧場！冰島馬是冰島的特有種，他的腳不長，因此整體身型顯得可愛許多。冰島馬有種特殊的跑步方式叫做"tölt"，大家可以先在youtube 上看看冰島馬跑步的模樣，當然有機會一定要預約騎冰島馬的行程，想像自己就像是封建時代的騎士，漫步在山稜線上，就像置身在魔界或是冰與火之歌的場景當中。

因為行程太滿，加上前年在紐西蘭體驗過類似的行程，這次我並沒有預約騎馬的行程，只要能再見上他們一面我就心滿意足了，和他們熱情地擁抱後我們又繼續上路！

3.1.3 間歇泉 Geysir

在前往Gullfoss 的路上，有一塊唯一沒有被冰雪覆蓋的土地，周圍不斷冒著白煙，這裏就是間歇泉Geysir！這個地區的地底蘊含豐富的地熱。我們把車停好後，沿著步道往裡走，冬天的步道結了一層厚厚的冰，好幾次都差點跌倒。路邊還有著告示牌，提醒各國旅客高溫不要靠近，突然“轟”地一聲！看見遠方正噴發著泉水！我們加快腳步往前進，想更近一點探究一番！

● STROKKUR

走近一看，真是太壯觀了，剛剛的噴泉是從這樣的洞噴出，大約5～10分鐘就會噴發一次，看傻的我們在原地駐足了20分鐘左右，看著他一次次將泉水吸入洞穴噴發！

就這樣不斷地重複，旁邊的石碑寫著STROKKUR，是目前這個區域中最活躍的間歇泉，就像個年輕力盛的小伙子！而真正的Geysir 已經不會噴發，相對於STROKKUR，Geysir 相當平靜並帶有一絲莊嚴，就像精靈的長老一般。

● Geysir

當我們走完Geysir 的行程，不知不覺時間已經來到10點半，代表著我們的金圈行程該結束了。還記得我們要跟風暴賽跑嗎？我們最好在中午前越過最南端的Vik，我們加緊腳步回到車上，一路向東南方駛去。

3.2 冰島南部

（3/13 住宿點：Guesthouse Horgsland）

3.2.1 Seljalandsfoss 瀑布

回到1號公路後，往東南方開約40分鐘，路邊明顯就會看到一個瀑布，這就是Seljalandsfoss，也就是傳說中有如水簾洞般的瀑布。為什麼說他有如水簾洞呢？因為沿著步道可以走到瀑布後方的洞穴，從瀑布的視角看向外面的世界。假如出太陽還有機會看見彩虹呢！可惜我們一路都是陰陰的天，漸漸地我們感受到風漸漸地增強。拍拍照後我們又趕緊上路！

● 瀑布後方的視野

3.2.2 Skogarfoss 瀑布

經過Seljalandsfoss 再往東南開20分鐘，又有另一個大瀑布，這裏是Skogarfoss，很多婚紗團隊和攝影隊都會來這裡拍攝。一旁有步道可以爬上瀑布的頂端，大家可以先上網參考攝影師們拍攝的角度和作品，比我拍的美多了！到此時，風的強度已經是連推開車門都要出力的程度。我們選擇趕路，放棄攻頂，當下用心感受這呼吸到的壯闊和潺潺的流水聲，希望有機會我們再見！

3.2.3 Walter Mitty Surfing / **白日夢冒險王**

經過Skogarfoss 後，大約再30分鐘路程就可以到達Vik 。開著開著，就在抵達Vik 前的路程上，我們上了一個U型的上坡彎道…等等！

這場景似曾相似！我腳踩了煞車在路邊停靠下來，環顧四周…這裡是白日夢冒險王拍攝的場景呀！沒有白費我出發前把電影複習了一遍。馬上翻出塞在行李箱的滑板，帶上滑板就是為了這一刻！我真的置身在電影場景！ I make the dream come true ！還記得Ben Stiller 溜著長板的場景嗎，手掌上綁著石頭，甩尾溜過這個U形大彎！電影畫面就這樣呈現在我面前！

Walter Mitty Surfing

3.2.4 Vik 小鎮

Vik 是冰島最南端的小鎮，一號公路Ring Road 剛好是Vik 最主要道路，這裡的環境就像童話世界裡的村莊，很多遊客會選擇在這裡待上一晚。可惜為了逃離風暴，我們只能選擇慢慢地開過這可愛的小鎮，繼續往東邊開往我們的第二個住宿點-Horgsland Guesthouse。

【Horgsland Guesthouse】

過了Vik 後的風勢不再強烈，方向盤終於不會再因為強風失去控制。穩穩地開了約一個小時，終於在傍晚抵達了第二天的住宿點-Horgsland Guesthouse！

Horgsland Guesthouse 座落在小山丘旁，有著兩排綠屋頂的小木屋，迎接我們的是主人的邊境牧羊犬（Border Collie）-Glassy，她是一個小女生，有注意到她的兩只眼睛顏色不一樣，她右眼有個像玻璃珠般的藍色眼睛，所以主人把她取做Glassy。她很活潑地在我大腿間鑽來鑽去，一喊她的名字就會奔向你，真是可愛又有靈性的狗狗！

我們三人就住在其中一間小木屋，走進屋裡就像個溫馨的小家庭，有小客廳、小廚房、還有個夢幻的小閣樓。一丟下行李的我們就先攤在沙發上，轉開老式的收音機，放空，漸漸還是能感受到屋外的風雨變強。突然叩叩叩的敲門聲，原來是民宿主人，他遞了張官方發出的訊息，告訴我們到明天中午會有暴雨，一定要注意行車的安全。

Horgsland Guesthouse

Safetravel Warning!
Friday 13, 3.2015
Storm in the South- & West Iceland. Heavy rainfall. Danger of flooding of rivers and slush- or mudfloods. Poor traveling conditions.

Saturday 14.3.2015
Violent storm furthere information at your accommodation or nearest tourist information centre
Safetravel.is

● 官方發出的暴雨警告

有了上次在David 家的經驗，我和夥伴們再次打開筆電，把風雨的天氣圖研究了一番。我們發現到隔天中午風暴和雨勢就會退去，預計午飯過後就能出發，只是我們開始擔心隔天預約好的冰河攀爬行程了…正在此時，肚子咕咕作響，什麼也不想了，四個小時的車程加上一路的風雨，只想飽餐一頓後好好休息。我們偷懶的做了義大利肉醬麵和蘑菇番茄馬鈴薯湯，餓肚子的時候果然什麼都好吃！不一會兒，我們又癱在沙發上放空了，邊聽著屋外的風雨聲，再看著今天的相片，不敢相信自己已經在冰島的事實，梳洗一番後，只能祈禱醒來時風暴已經過了…

在冰島的日子，沒有一天是被鬧鐘叫醒。早上九點打開房門，沒想到我的夥伴已經做好早餐了！沒幫到忙的我只好幫忙…吃，屋外依然刮著風，一陣陣的雨不時打在窗戶上，但窗外的景色卻半分不減，就算只是烤土司抹著果醬也特別好吃。沒有調味料的荷包蛋一樣美味，鮮奶更是濃醇香，眼睛見著的景色似乎調味進了食物，這是我們出發以來最悠哉的時刻。

這時我的夥伴收到了Glacier Guides（冰河攀爬報名單位）的來信，告知我們下午的行程由於天候惡劣取消了... 繼狗雪橇後，冰島惡劣的天氣再度給我重重的一擊，在冰島就是會有這麼多意外，雖然可惜，但我發現自己慢慢能夠釋懷了…

中午時分，一抹陽光灑進室內，窗外的烏雲露出一絲縫隙，似乎在告訴我們“該出發了！”，我們開始將行李上車，屋外風雨雖然減弱，但路面依然潮濕。遠方的天空更有著厚厚的一大片烏雲，而今天我們要往 Hofn 霍芬鎮的方向前進，前往下一個住宿點 -Hoffell Guesthouse。

THE NORTH FACE

3.3 冰島東南部

（3/14 住宿點：Hoffell Guesthouse）

離開Horgsland Guesthouse，我們再次踏上一號公路向前，一邊欣賞著沿路的美景。今天最重要的行程就是到Skaftafell 爬冰河，還有觀賞古老的Jökulsárlón 冰河湖！雖然爬冰河的行程已經被取消了，但我們還是決定去一探究竟！而今晚的住宿點Hoffell Guesthouse 實際上距離Hofn 小鎮有20分鐘。不過由於Hoffell Guesthouse 是個看極光的好地點，很多攝影隊都會選擇在此過夜，因此非常推薦給大家作為東南方過夜的中繼站。

3.3.1 Skaftafell 國家公園冰河攀爬

冰河攀爬報名網址http://www.glacierguides.is/

冰河攀爬分為3小時和8小時，我們原本報名的是三小時的行程，花費約8.990 ISK，安排的時候要多注意活動的時間（Duration），最好多預估2個小時，以免延誤其他行程喔！

Ring Road 上開著開著，路邊有一個斷橋的遺跡，旁邊立著指示牌，介紹著前方的景色，沒錯！在我們前方的就是兩個冰河沖積扇！不敢相信這地理教科書上的場景就出現在我面前！

我們一路開到了Skaftafell Visitor Centre 旅客活動中心，把車停靠在停車場後，剩下的路程必須靠雙腳或當地接駁的巴士來接近冰河，這裡也是當初報名冰河攀爬的集合點，可惜我們只能無奈的看著大門深鎖的Local tour 和灰濛濛的天空⋯

即使如此，冰河就近在眼前怎麼可能放過！徒步也要走到！路邊的幾何圖形就在前往冰河步道的入口，沒有導遊的我們就這樣沿著這未知的道路前進，而原本以為冰河已經近在咫尺，沒想到走了20分鐘，一點也沒有接近的感覺，不過即使如此我們邊欣賞著周邊的地景，走起來卻一點也不累！

最後歷經35分鐘的路程，我們終於窺探到冰河的真面目！第一眼又是癡癡的凝望，下嚥的口水滑過我的喉結，眼前的景色實在是太壯觀了！大自然的雕刻，鬼斧神工，一股人類真是渺小的感觸湧上心頭，看似靜止不動的冰河實際上每年仍以幾公分在流動著。可惜的是我們無緣攀上這夢幻般的高原一探究竟，原本嚮往的水藍色冰洞只能靠自己想像了，不過我已經非常慶幸能親眼見到這幅景象，有朝一日我一定會穿上冰爪攀上他的！

除了我們之外，現場還有國外的攝影隊在拍攝，其中有一個老外不知為何的突然倒立起來，看得我技癢難耐。於是主動向他搭訕，雖然我們配合了不下五次才對上節奏，完成這幅“冰河倒立圖”，但相信我們都為彼此的行程留下難忘的記憶，在這一刻參與了對方的人生。

沿路折返的路上，我不時回頭再看看冰河，心裡不斷冒出興奮的聲音“Wow，是冰河，我終於親眼見到冰河了！”。這是我的旅途中頭一次，有一種即使已經親眼所見卻仍懷疑自己的不真實感受。

3.3.2 Jökulsárlón **冰河湖**

可安排行程：兩棲船舶遊湖（預約網站：http://icelagoon.is/ ）兩棲船舶遊湖的行程約在4-10月間營運，會並依天氣及湖面狀況做調整。水陸兩棲船船票約4,000 ISK，橡皮艇行程則約6,500 ISK，時間約40分鐘。（當然三月出發的我又錯過了）

Jökulsárlón 冰河湖是冰島最深的湖，傑古沙龍就是冰川潟湖的意思，深度超過248公尺！除了路標指示以外，看到四個藍屋頂的旅客中心就沒錯了！我們就將車停在冰河湖前，打開車門就感受到一股涼風從湖畔吹來，又是一個電影裡才有的景色。唯一可惜的是遊客中心因為氣候關係暫停服務。不過一路風雨不大、路況平穩，老天爺已經很照顧我們了。

我們往湖邊走去，面對眼前的極地色彩只有讚嘆。我們好奇的伸腳踩踩岸邊的浮冰，抓起岸邊清澈透明的冰塊，伸了舌頭嚐一嚐這熬了千年的滋味，味道就讓大家親自去體會了！

● Hoffell Guesthouse 指引路牌

【Hoffell Guesthouse】

結束夢幻的冰河湖行程，我們再往東邊的Hofn 霍芬鎮方向前進。約一個小時的車程我們到了今晚的住宿點- Hoffell Guesthouse。進到屋裡可以看見牆上掛著許多過往的旅客留下的極光作品！這裡離Hofn 約有15分鐘的車程，是一個比較鄉村的地方，夜晚沒有任何光害，是看極光的絕佳景點之一。一路以來總期盼著極光現蹤…

丟下行李後，今天我跟夥伴們都累了，懶得煮晚餐的我們把車開到Hofn 霍芬鎮上加了油，補充了點超市裡即食的食物。回來的路上已經是沒有燈光的道路，我們開著遠光燈，沿著反光柱慢慢地開回Hoffell Guesthouse。

Hoffell Guesthouse

Hoffell Guesthouse 的環境很舒適，坐在高腳椅上，從螢幕裡回味著今天的冰河。旁邊一本Guest Book，我翻著過往旅人過境此處的一點一滴，好像就在翻閱這個地方的歷史。當然我也留下了自己的紀錄，畫下美麗的台灣，祈求好的天氣讓我們有機會看到極光。而過了今晚，我的紀錄也將成為這地方所記載的歷史。希望哪一天有人驚喜地指著我的留言說：哇！這裡有台灣人來過耶！

隔天一早起來，看見窗邊的小花似乎也正興奮地迎接早晨。我們到Hoffell 的餐廳用早餐，餐廳的盡頭是一排落地窗，面對著一望無際的鄉野和山丘，此時深呼吸一口，哇！神清氣爽。

接著到吧台組合三明治，配上主人家特製的水果醬，一杯牛奶，輕鬆的早晨把精氣神都給充飽，儲備好前往下一站的體力！

3.4 冰島東部

（3/15 住宿點：Olgu）

Egilsstaðir 是東部的最大鎮，從Hofn 前往Egilsstaðir 是環島最曲折的一段路，沿著峽灣、岬角，在海岸線進進出出，今天的第一站Djupivogur 小鎮！

3.4.1 Djupivogur 小鎮
Pyramid Mountain, Búlandstindur

在冰島筆直的公路上，油門隨便踩最少都是80公里，但千萬別因此忽略了路旁的告示牌。開過霍芬鎮後，當看到Djupivogur 小鎮的告示牌時，別急著開過這個可愛的小鎮，這將是一趟值得駛離Ring Road 的行程！

Djupivogur 小鎮最著名的景點就是金字塔山-Búlandstindur，除了和Búlandstindur 拍拍照，不妨走下車在小鎮上散步。在街道上可以看見媽媽在戶外晾衣服、小孩在草地上追逐玩耍，還有狗狗咬著破皮球丟在你面前要你跟他玩耍，整個鎮上的氣氛是如此舒服與人親近，即使是整修中的教堂仍然帶給人們寧靜和安心。

Djupivogur 小鎮風光

Djupivogur 小鎮風光

告別Djupivogur 小鎮後，今天的第二個行程是Seyðisfjörður 峽灣小鎮，他位在今晚住宿點Egilsstaðir 小鎮的東邊，沿93公路開約25分鐘就能抵達。沿途需要開過一座山才能抵達峽灣的另一側。萬萬沒想到的是，沒有特別注意到天氣狀況的我們，就這樣開上了整個旅程最危險的一段路…

我們開上山不久，發現路上漸漸有積雪，但對四輪傳動車來說，小小的積雪並不會影響太多，而且路上還有些許前車留下的輪胎印記，於是我們繼續前進。感覺快要到越過山頂時，天空變得非常陰暗，這時候已經看不到柏油路面。意識過來時，四周已經被風雪遮蔽。這時突然下起暴風雪，我們將車子停下，卻感覺到車子一度被拔起。前頭的路已完全被風雪覆蓋，後頭輪胎痕跡也已經被風雪鋪平，剩下路旁突出的黃色反光桿能讓我確認還在原本的道路上。路上根本沒有一輛車與我們交會，能見度已經不到10公尺。車子的半顆輪子也已經陷入雪中，我和夥伴們心中都意識到了危險，趕緊將車調頭下山，一路慢速地開過厚厚的積雪，唯一慶幸的是GRAND VITARA 是台四輪傳動車。快到山下時終於又看見了柏油路面。沒想到從山下天氣情況完全無法預知山頂是這樣的狂風暴雪。直到看見小鎮我們才都鬆了一口氣。

3.4.2 Egilsstaðir 小鎮

回到Egilsstaðir 鎮上， 緊張過後的我們都已經餓壞了。這次我們決定去採買今晚的食材，準備煮一鍋龍蝦湯！很多旅客其實都會在霍芬鎮上喝一碗道地的龍蝦湯。在地的龍蝦不是像波士頓的大龍蝦，而是身型小很多的小龍蝦。在餐廳點一碗龍蝦湯大約1,000元台幣。而且龍蝦的量是用一隻手就能數得出來，而我們在超市裡一“袋”龍蝦也差不多1000元台幣，我們決定自己來熬，好好大啖一場！

● 鎮上賣的小龍蝦

Egilsstaðir 是東部的最大鎮，小鎮上有粉紅豬也有Netto Store，也可以在加油站旁的商店買到熟食，生活機能非常好。逛超市也是在地生活的一種體驗，看看他們的蔬菜水果和我們有什麼不同，嘗試很多當地才有的醬料和零食。買好龍蝦湯該有的食材後，就準備到Guesthouse 料理一番了！

● Netto Store

● 超市裡繽紛的蔬菜水果

● 從醬罐子上的圖案就可以看出要搭超市裡繽紛的蔬菜水果配什麼醬料

【Guesthouse Olgu】

從超市開到今晚的民宿只要五分鐘。屋子外牆就貼著Olgu，但在Booking.com 上他的名字卻叫做Olga，不知道什麼原因，但根據地址確認我們沒走錯。按了電鈴，原來房屋的主人根本不在屋裡，電鈴可以直接連接到他的手機通話，他用手機遙控就將門打開了。讓我吃驚的是屋主對我們還真是信任。

一進到屋子裡就有種溫馨的感覺，Olgu 裡頭就像一個小家庭。我的房間有一扇大窗能望向窗外，廁所和廚房也都非常舒服，這是我整段旅程中最喜歡的一間民宿。放下行李後，我們就到廚房集合，切起洋蔥和蘑菇開始備料，準備發揮創意好好燉一鍋龍蝦湯！

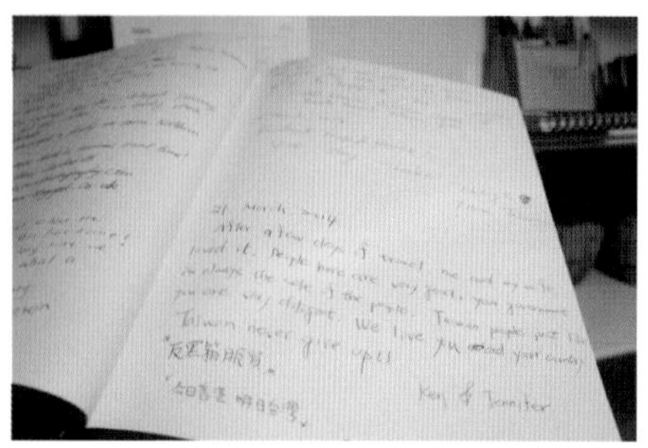

結束晚餐，我們開始討論著明天的行程。原本應該一早就該往北開，但沒去成Seyðisfjörður 峽灣小鎮實在覺得可惜。我們彼此似乎有了默契，決定起個一早再次挑戰。希望明天能有好天氣，於是早早盥洗後就各自進了房間休息。

3.4.3 峽灣小鎮 Seyðisfjörður

3月16日，早上8點，吃過早餐後，我們再把行李上了車，和溫馨的Olgu 告別，往東邊的93號公路開去。我們抬頭看到了微微的藍天，似乎增加了能前往峽灣小鎮的希望！開到上山的路口時，路面有著鏟雪車清理過的痕跡令我們更是喜悅，出發！

我們就一路順利地開過了山頂，衝入眼簾的是交錯的山巒。冰雪刻畫的山壁和鬼斧神工般的峽灣震懾住我們，車速不知不覺放慢了下來，嚥下口水再繼續開向小鎮。

我們將車停靠在港灣邊，旁邊有不少小漁船停泊。據説這裡的大船是來自北大西洋另一端的挪威。不知道是不是太早的緣故，鎮上並沒有太多人出沒，唯一向我打招呼的是一位騎著自行車的女士。鎮上充滿著一種舒適的靜謐，我們邊漫步邊自顧自地拍照，欣賞小鎮上的一切，心裡邊想著“假如今天錯過這個景色那該有多遺憾啊！”

不知不覺在鎮上就待了一個多小時，差點忘了今天還要往北方走呢！這是我們在冰島最東邊的景點，結束行程後，我們沿著93號公路回頭，再次開上1號公路，前往下一站-米湖 Mývatn！

（＊若是像我們逆時鐘環島，在前往北方米湖前，建議大家務必在 Egilsstaðir 小鎮將油加滿，Egilsstaðir 之後的下個大鎮就是要等 Akureyri 阿庫雷利，途中幾乎沒有加油站）

3.5 冰島北部

（3/16 住宿點：Dimmuborgir & Vogahraun Guesthouse）

今晚住宿點位於米湖的東邊，在Booking.com 上，米湖周邊評價最高的民宿是Dimmuborgir Guesthouse，因為他就緊鄰在米湖湖畔，是體驗湖邊生活的絕佳去處，我的夥伴好不容易訂到一間雙人房，而我太晚訂，只訂到了附近的Vogahraun Guesthouse。

從Egilsstaðir 小鎮開到米湖約2個小時，久違的藍天一路陪伴我們，筆直的公路讓我再也坐不住駕駛座，馬上把車停在路旁，拿起滑板馳騁在被冰雪夾擊的柏油上，實在很難形容當下的感受，我只知道儘管呼吸著零度的空氣，也降溫不了體內滾燙的熱血！我的夥伴也拿出小白從空中俯視這一片冰天雪地。這一路來在冰島每一處都有著不同特色的地景，處處充滿驚奇！

3.5.1 地熱谷 Namafjall Hverir

繼續上路後，在抵達米湖前的第一站就是Namafjall Hverir 地熱谷。實際上我們並沒有下車走進地熱谷，因為在峽灣小鎮和在沿路玩得太盡興，已經耽擱到今天的行程。為了爬上 Hverfjall 火山口，最後決定不在地熱谷停留。本來想說在車上觀賞，沒想到我卻在這段路上進入夢鄉，醒來的時候已經錯過了地熱谷，但從周遭的景色和地表不斷冒出的煙霧還是能深刻感覺到這個區域地底下醞釀的能量。

3.5.2 火山口 Hverfjall

過了地熱谷，很快就會抵達米湖。在這裡會遇到分叉的環湖公路，原先的1號公路是要往北開，我們則是往南開往848公路，Dimmuborgir Guesthouse 也就在848公路的路旁。開進848公路後，遠遠的就能夠看見火山口，接著可以從860公路或下一條無名的小路開往登山口。我們選擇了這條無名的小路。

Hverfjall 是一座已經沈睡的火山，科學家推估距離它的生成已有2500年之久，主要是由玄武岩所組成，海拔高度約在400~450公尺，火山口徑約有1.2公里。讓人意外的是，由於溶雪的關係，火山周圍的步道都被雪水掩蓋。我們跟著前人留下的足跡前進，一路上都是沙石及熔岩的地形。走著走著發現足跡漸漸減少，似乎不少人走到一半就折返了…

我們走了約20分鐘仍然沒有見到上山的步道，從地圖上也沒辦法確認我們確切的位置…這時候們突發奇想，“直接攻頂”！

於是我們直接往山壁前進。爬了約20分鐘，只見山壁越來越陡，身體逐漸貼在了山壁上，手腳並用繼續往上爬，回頭一看已經是無法後退的高度。但這其實只爬到了一半的路程而已，這個時候大腿已經開始感覺到痠麻，小心翼翼地找到可以休息的地方。在這裡還是誠懇地建議大家走正常的步道上山。

最後一蹬登上山頂！無法抑制對火山口的期待，一把往火山口裡望去，通往地底炙熱的火紅隧道已經被熔岩覆蓋，留下的痕跡只能證明它曾經在這土地上躁動過。沿著山稜徒步，回頭望向火山周遭，俯視大地，眺望遠方，天下盡收眼底大概就是這種感觸吧！

Hverfjall 火山口

Hverfjall 山頂俯瞰

3.5.3 熔岩洞穴 Grjotagja Lava Cave（冰與火之歌拍攝景點）

在火山口附近另一個著名的景點就是Grjotagja Lava Cave，沿著860公路可以抵達。洞穴裡頭有著地熱溫泉，只不過要小心有些高溫的區域，沒有專業的人帶領不要隨意下水；而這裡也就是冰與火之歌Jon Snow 與烏鴉女Ygritte纏綿的洞穴！可惜這一路沒有看到指標，也沒有專業的人帶領，許多道路更被厚厚的雪覆蓋著，下山後時間也晚了，就這樣又留下了一個旅程的遺憾，只能回頭在網路上透過別人的鏡頭欣賞。

【Dimmuborgir Guesthouse】

Dimmuborgir Guesthouse 位在米湖東邊的湖畔，米湖Mývatn 字面上Vatn 指的是湖泊的意思，加上Mý 的發音，所以翻譯做米湖。原以為看似浪漫的命名會有什麼神話故事，但其實在冰島語裡Mý“代表的是蚊子的意思，據說夏天真的有很多蚊子，但冬天拜訪的我們其實完全見不到蚊子的蹤影。Dimmuborgir Guesthouse 屋外擺著一輛雪地摩托，進到屋子後，在櫃檯邊的書籍訴說著這裡有著豐富的鳥類生態，倚靠在湖岸邊的餐廳是Dimmuborgir Guesthouse 最大的特色！在這樣的景色下用餐、看看書，耗上一整天我都願意。

● Dimmuborgir Guesthouse 屋外景色

屋外的雪地摩托

大廳放著許多有
關鳥類的書籍

今晚，爬完火山的我們幾乎把體力給耗盡。簡單煮了還沒吃完的龍蝦和蕃茄肉醬麵，配上窗外漸漸落下的夕陽，拿出下午弄濕的衣物，放在暖爐邊烘乾，坐定後整個心情都放鬆下來，一口接一口地享受這抹悠閒。

【Vogahraun Guesthouse】

還記得我沒訂到Dimmuborgir Guesthouse 的房間嗎？沒有訂到的朋友可以考慮Vogahraun Guesthouse，距離Dimmuborgir Guesthouse 約2.5公里，雖然沒有緊靠在湖畔，也沒有湖景餐廳，但也算是湖邊舒適的民宿。

● Vogahraun Guesthouse 內景

● Vogahraun Guesthouse 早飯

3月17日，環島早起的第六天。我已經可以猜到民宿提供的早餐，吐司、火腿、起士、番茄、小黃瓜、優格、牛奶。雖然吃著相同的食物，但面對著不同的景色，食物也跟著有了不同的味道。

其實米湖周邊還有很多值得造訪的景點，建議大家可以多安排一天的行程。雖然很想放鬆心情在湖畔漫步，甚至再泡個米湖溫泉，可惜我們必須要往西邊前進了！今天的路程是整個旅程最長的一段，一口氣要開過阿庫雷利到西岸，大約400公里的路程…

3.5.4 上帝瀑布 Goðafoss

告別米湖，我們又再次踏上Ring Road 一號公路，略過北方的胡薩維克Húsavík 小鎮，直接前往阿庫雷利。

開在Ring Road 上，經過下圖的吊橋時，千萬不要開過頭。彎進岔路，這裡就是著名的Goðafoss 上帝瀑布！Goðafoss，又有人稱做眾神瀑布，瀑布全長蔓延30多公尺，從12公尺高的山壁上滂沱落下，氣勢驚人！冬天的瀑布上結著落下的冰，有股雪藏的韻味，漫步到上游還可以看見來自兩側雪山源源不絕的雪水，真是無比的壯觀！

Goðafoss 上帝瀑布！

阿庫雷利 Akureyri

心形的紅燈

阿庫雷利是北方的最大鎮，也是重要的港口和漁業中心。在這裡最有特色的就是路上愛心形狀的紅綠燈。在阿庫雷利我們沒有多做些停留，加完油，短暫的逛逛街，在Bonus 粉紅豬補充糧食後就繼續再往西邊趕路。

在往西邊前進的路上，天空的烏雲漸漸散開，逐漸綻放出原本屬於天空的顏色，這是我們一路來最晴朗的一天。在這麼長的路程中，地景不斷轉換。車裡音響播放著美國西部的公路音樂，邊欣賞著周遭的風景，筆直的公路與蔚藍的天空相襯，雪白的線條也點綴大地。我的夥伴出動小白在車子上頭跟拍，那畫面就有如好萊塢的公路電影一般。

開往西部沿途的風景

突如其來的教堂和草地

在筆直的道路上，我們繼續往西邊前進。突然一間路邊上的教堂瞬間吸引住我們。我們沒有任何遲疑的下了車，一把躺在大草坪上，要不是需要趕路，肯定能在這裡待上一下午！…稍微小憩後我們繼續上路！

繼續開著開著，一條岔路上有兩個石頭做的公仔歡迎著我們，原來是通往海豹鎮的72號公路。雖然只有6公里的距離就可以抵達，但可惜我們已經沒有多餘的時間停留，必須在太陽下山前到達今天下榻的民宿，於是我們繼續往西邊前進。海豹鎮我們下次再見⋯

通往海豹鎮的指標

3.6 冰島西部

（3/17 住宿點：Fossatún Guesthouse）

西部半島 Snæfellsnes

（3/18 住宿點：Sudur-Bár Guesthouse）

【Fossatún Guesthouse】

沿著一號公路從北部開到西部，到達50號公路的T字路口時，天色已經逐漸轉黑。轉進50號公路，路旁有不少小農莊，Fossatún Guesthouse 就位在整條50號公路的中間點。

哇！第一眼看到Fossatún Guesthouse 讓我想到童話裡獵人居住的小木屋。走下車抬頭望望天空，萬里無雲，這是我在冰島看過最純淨的天色。餓壞的我們來不及花更多時間欣賞，馬上進到廚房準備今晚的嫩煎牛排!

3.6.1 極光之夜

今晚除了我們三人外，有一個小家庭和兩個法國女孩跟我們同住在一個屋簷下，非常熱鬧。

但不知道為什麼手機也跟著湊熱鬧。在準備晚餐的同時一直發出警示音，我並沒有理會它，直到兩個法國女孩拿著椅子衝到屋外，我拿起手機一看，是AuroraNotifier 發出的警報！Kp-index 從平常2~3的指數跳到8（極光指數分為1~10級）！記得過去分享的文章，4或5的指標就有能用肉眼看到極光。我跟夥伴們察覺到不對勁，放下晚餐跟著衝到屋外！ A…mazing ！

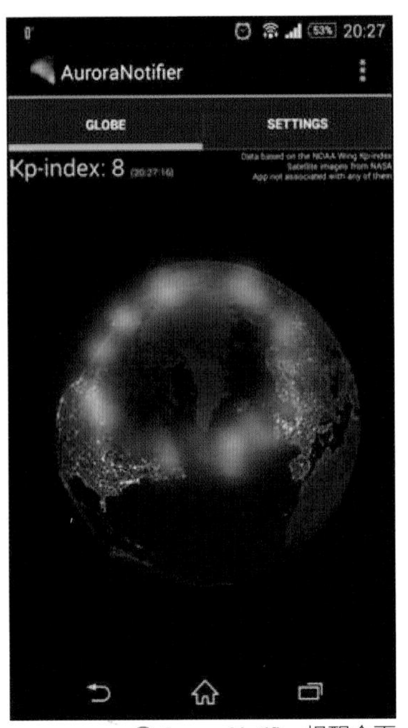

AuroraNotifier 提醒介面

極光出現了！我們看得雙眼發直，肉眼清晰可見的上帝之光就在我們面前舞蹈，一下出現在東方，一下出現在西邊，一道道極光不著邊際地從天而降，綿延到世界盡頭。綠色、藍色、紅色、紫色千變萬化，又像是窗簾般被微風吹拂著波動，曲線狀、螺旋狀舞動的極光，周遭事物似乎都靜止了下來，這一刻的我們似乎被籠罩在夢境裡的童話世界。

我們忘了屋外負5度的低溫，欣賞著每一分每一秒的變化，雖然很冷，但實在抵抗不了極光的挑逗。珍惜著眼前這一片帶有奇蹟色彩的景色，意識過來的時候,已經過了兩個小時。這才發現手腳已經凍麻，進到溫暖的屋子裡馬上引起一陣雞皮疙瘩。

回頭繼續煎我們的牛排，這頓晚飯到了午夜才開始享用，窗外還能看見閃爍的極光。沒想到在3月17日這天，上帝給我們安排了極光晚餐，完成了我們追尋極光的夢想！躺在床上都在笑，而這不是夢！就這樣我們有了屬於自己的極光之夜！

紅色的極光為高能量的極光，一般來說較少見，
第一次就能遇上真的是非常幸運！

我的房間

小屋客廳

BBC Sign in | News | Sport | Weather | Shop | Earth | Travel | More | Search

NEWS

Home | Video | World | Asia | UK | Business | Tech | Science | Magazine | Entertainment & Arts | Health | World News TV | More

Scotland | Edinburgh, Fife & East | Glasgow & West | Highlands & Islands | NE, Orkney & Shetland | South | Tayside & Central

ADVERTISEMENT

THE MAKING OF ME

IN ASSOCIATION WITH ANZ

Highlands & Islands

Light show: Aurora Borealis over Scotland

18 March 2015 | Highlands & Islands

Displays of the Aurora Borealis on Tuesday night have been photographed over Scotland.

Lancaster University's AuroraWatch UK had earlier issued its second highest alert for sightings of the Northern Lights.

After dark, where the sky was clear, aurora hunters in Scotland came up trumps in places including Birsay on Orkney, and Cambusavie near Dornoch. **Displays were also photographed elsewhere in the UK.**

隔天一早，陽光不講理的灑進屋內。很不好意思的是我的夥伴又比我早起準備好早餐。我們邊吃著早餐邊回味著昨晚的景色，真的好像作夢一樣。從手機看到BBC的頭條，竟然是在敘述太陽風暴和昨晚的極光。原來昨晚的極光連英國都能看見，是近幾年來最強的一次！Icelandic Met Officee 更報導這是11年來最強的太陽風暴所造成。何其有幸能在這對的時間出現在對的地方，這是整趟旅程最大的驚喜！

西部半島 Snæfellsnes

中繼站博爾加內斯 Borgarnes

離開Fossatún Guesthouse，下一站我們將前往西部半島。沒想到已經來到環島的倒數第二天。今晚住宿點-Sudur-Bár Guesthouse，是一間正位在教堂山Kirkjufell 旁的民宿。在那之前，我們抵達了博爾加內斯Borgarnes。這裡是連接西部半島重要的中繼站，先幫GRAND VITARA 的油箱餵飽，然後在超市補充了路上需要的糧食，超市裡鮮紅的冰島可樂非常吸睛，聽說冰島可樂是全世界最好喝的可樂，是用當地最純淨甘甜的雪水製成的，味道還真是有點差別，但對我來說，只要是冰的可樂喝起來就是暢快！

3.6.2 海岸的巨人 Bárðar Saga Snæfellsássstatue

完成補給的工作，我們開上54號公路一路向西。為了見一眼北歐神話故事中的巨人Bárðar，我們再往岔路Útnesvegur 開去，遠遠就能看到岸邊的雄偉雕像。走到巨人面前，巨人Bárðar 是由石板堆疊而成的，工法和台灣原住民排灣族傳統的石板屋有異曲同工之妙，而外型就像來自艾爾帕布的東利大叔！好有氣勢！

再往岸邊走去，走向懸崖上的觀景台，原來我們站的位置正好是在六角柱狀的海蝕崖上，望下一看，是經年累月遭海水侵蝕而成的海蝕洞！海蝕洞上方的山壁形成海鳥棲息的最佳場所。另一面更有海蝕門和美麗的海岸線，要不是冷冽的海風不斷地侵蝕著我們，還真想在岸邊多待上一會兒。

海蝕門

海蝕洞

回頭路上，看著東利大叔的背影，像是日落走向歸途的浪人，又像是屹立在海岸邊的守護神，希望他繼續庇蔭我剩下的旅程，我們來日再會。

深入 Vatnshellir Cave 的階梯

3.6.3 潛入地表 Vatnshellir Cave

全程約費時 45 分鐘。

開放時間：5 月 15 日～ 9 月 30 日

每天 AM10:00~PM6:00

每小時一團，不需預約，但需於出發前 10 分鐘完成報名。

10 月 1 日～ 5 月 15 日，每天 PM1:00、2:00、3:00。

冬天若天候不佳可能取消。

費用：成人 2,500 ISK、青少年（12-16 歲）1,000 ISK、

孩童（11 歲以下）FREE

進洞穴前穿裝備的小屋

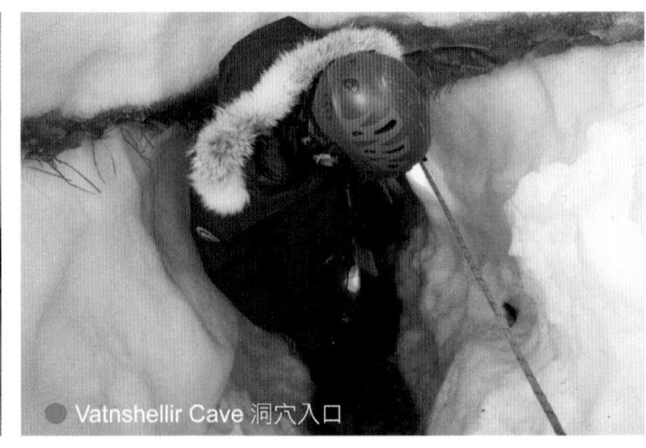
Vatnshellir Cave 洞穴入口

告別了東利大叔， 我們開進了Snaefellsjoekull 國家公園，沿著Útnesvegur 繼續開。在這裡可千萬不要錯過一座綠色的鐵皮屋，這兒就是進入Vatnshellir Cave 地心探險的報名處。Vatnshellir Cave 是一個8000年的老洞穴，導遊說這裡五年前本來是自由開放的景點，但由於發現有遊客把自然遺產帶回家收藏，後來才規定必須由當地導遊帶領才可以進入，並且開始收取門票。由於進入洞穴後是一個伸手不見五指的世界，最深更達地表下35公尺，由熟悉地形的導遊帶領是比較安全的。在Cave Center 戴上頭盔、配上博物館警衛用的手電筒就算著裝完成，準備出發囉！

來到洞穴的入口，是一個一次只能通過一人的窄巷，接著就只能聽見聲音和看著手電筒照亮的區域。一路聽著導遊的聲音，跟著前人的腳步前進，沿著向下旋轉的階梯深入地心，裡頭有著熔岩活動過的痕跡，唯有的光源是來自我們的手電筒。沒有太多照片能分享給大家，就讓大家親自揭開他神秘的面紗吧！

Vatnshellir Cave

Saxhóll 步道上

3.6.4 火山口 Saxhóll

體驗完洞穴之旅，繼續往北繞出Snæfellsnes國家公園，在那之前有個小火山口Saxhóll。這次我們輕易地找到上山的步道，上下山只要約30分鐘就能看到不一樣的風景。

經過Saxhóll 火山口後就準備繞出Snæfellsnes國家公園了。Snæfellsnes 用絕美的海岸線與我們告別，我們一路欣賞著半島與大西洋的交界，偶有的農村風景讓我們停留，最後終於抵達教堂山旁的最後一個住宿點-Sudur-Bár Guesthouse。

路邊的羊群

3.6.5 教堂山 Kirkjufell

在抵達Sudur-Bár Guesthouse前，從南往北便能看到教堂山最棒的角度，本來想說都住在山邊，到民宿再來好好拍，但沒想到從東邊看向教堂山是另一個模樣。以此為鑑，大家見到美景的瞬間，千萬不要猶豫，停下來就對了！

● 遠眺 Kirkjufell 教堂山

【Sudur-Bár Guesthouse】

Sudur-Bár Guesthouse 位於教堂山的東北方，我們的小木屋非常溫馨，一進到屋內就有種回家的感覺，這是環島的最後一夜，我和夥伴們享受著這個夜晚，煮著晚餐，聊著一路以來的趣事，聊著前一晚的極光，聊著多幸運能遇上這麼好的夥伴，嬉笑聲中我們在彼此的人生都留下了難忘的回憶…

● Sudur-Bár Guesthouse

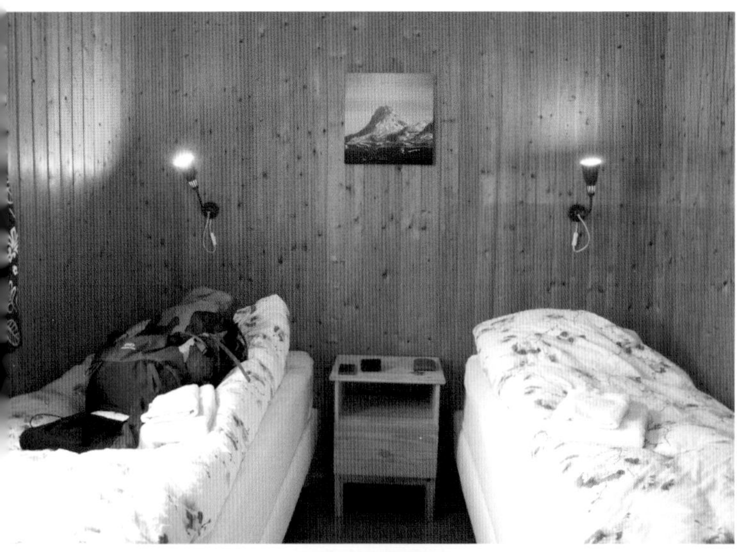

Sudur-Bár Guesthouse 內景

民宿的餐廳

一覺醒來，我們滿心期待到Sudur-Bár Guesthouse 的海景餐廳吃早飯。看著外頭的景色，這頓早飯吃兩個小時也不嫌久，只是今天是必須回到雷克雅未克的日子了。

享受完早飯，回到小木屋收拾行李，將行李上車，離開前再往教堂山望去，即使再捨不得也得向這片美景告別，期待還有再見的一天！

民宿早晨的風景

3.6.6 羊毛紡織工廠 Ullarselið - Woo Center

開放時間：

6 月 1 日至 8 月 31 日，每天 11:00 - 17:00

9 月 1 日至 5 月 31 日，週四，週五和週六 13:00 - 17:00

離開半島後，我們朝雷克雅未克越來越近，距離還車的時間還有三個小時，我們安排了最後一站Ullarselið 羊毛手工藝品店。在這裡的產品都是設計款的手工羊毛製品，可以買到有別於觀光地區大規模生產的毛衣和羊毛飾品，圖案的種類更多更特別。

收費亭人員熱情的道別

結束最後一個行程，在回雷克雅未克的路上，當遇上收費亭，繳完過路費，收費員和我們比了手勢道別。開過海底隧道後，就代表著環島公路已經接近盡頭了，路邊的風景逐漸轉換。很快地就進入了市區，先和Blue Car Rental的人員聯繫取車，告別了一路陪伴我們上山下海的GRAND VITARA。最後也向我的夥伴們道別，他們是Shaun 和Charlotte，我最棒的冰島夥伴！

海底隧道

離開冰島的前一天，我到街上散步，走過許多還未曾造訪的街道，又再去拜訪了哈林格姆教堂，希望我能記得冰島上的一分一吋。

隔天一早，我拉著行李再次準備從巴士總站回到機場，這一路上我的眼睛沒離開過窗外，珍惜最後和這片土地相處的時光。抵達機場辦完了出境手續後，沒想到最後還有一個驚喜，我幸運地搭上了極光班機。極光班機不只有彩繪的機殼，當機艙的內部燈光暗下來時，頭上還會閃爍著變化萬千的極光色彩，讓我回味起在冰島的一切一切。我闔上雙眼，在這極光圍繞的氣氛下，帶著微笑進入夢鄉。這十天的旅程就像是一場夢，我永遠也忘不了的一場夢！

Iceland

冰島浪人日記

第四章 倫敦後記

● 大笨鐘

　　在去程和回程的路上都在倫敦待了一天。最後就用這一章分享給大家倫敦一日遊的好去處！

　　降落倫敦第一件事，就是在機場購買一張Oyster Card，無論搭乘公車、地鐵都可以靠這張卡暢通無阻！接著搭乘地鐵Piccadilly 線就能進到市區了！

● 西敏寺

● London Eye 倫敦眼

倫敦鐵橋

Kings Cross 9 3/4 月台

3
10:03 Platform 3
Leeds
Calling at: Page 1 of 1
Peterborough, Grantham,
Newark North Gate, Doncaster,
Wakefield Westgate & Leeds.
Virgin Trains EC 09:55:15
KNIGHTS

2
Welcome to
King's Cross
09:55:15

貝克街 - 福爾摩斯的家

SHERLOCK HOLMES

THE SHERLOCK HOLMES MUSEUM
SOUVENIRS BOOKS ANTIQUES AND CURIOS
Open

後記

一趟冰島旅行，讓我在未來遇上問題時更能沉穩面對，帶著這份精神回到人生的旅途，去經歷更多的挑戰和冒險、驚喜和成長。出發吧！書中的點點滴滴或將成為你的動力！親自走過一遭，回來後，你將看到全新的自己！

Nick.

生活旅遊 10

冰島浪人日記

作　　者：許碩展
美　　編：JS
封面設計：JS
執行編輯：塗語嫻
出 版 者：博客思出版事業網
發　　行：博客思出版事業網
地　　址：臺北市中正區重慶南路1段121號8樓14
電　　話：(02)2331-1675或(02)2331-1691
傳　　真：(02)2382-6225
E—MAIL：books5w@gmail.com、books5w@yahoo.com.tw
網路書店：http://bookstv.com.tw/
http://store.pchome.com.tw/yesbooks/
博客來網路書店、博客思網路書店、
三民書局
總 經 銷：聯合發行股份有限公司
電　　話：(02)2917-8022　傳真：(02)2915-7212
劃撥戶名：蘭臺出版社　帳號：18995335
香港代理：香港聯合零售有限公司
地　　址：香港新界大蒲汀麗路36號中華商務印刷大樓
C&C Building, #36, Ting Lai Road, Tai Po, New Territories, HK
電　　話：(852)2150-2100　傳真：(852)2356-0735
總 經 銷：廈門外圖集團有限公司
地　　址：廈門市湖里區悅華路8號4樓
電　　話：86-592-2230177
傳　　真：86-592-5365089
出版日期：2017年9月 初版
定　　價：新臺幣320元整（平裝）
ISBN：978-986-94508-9-8

國家圖書館出版品預行編目資料

冰島浪人日記 / 許碩展 著 --初版--
臺北市：博客思出版事業網：2017.9
ISBN：978-986-94508-9-8（平裝）
1.自助旅行 2.冰島

747.79　106007806